出口 汪

出口 汪の論理的に書く技術

ソフトバンク文庫

NF

本作品は当文庫のための書き下ろしです。

はじめに――書くことが苦手だと損をする⁉

これまで、文章を書くのが苦手なために、損をしたと感じたことはありませんか？　また、伝えたいことがきちんと伝わらなくて、悔しい思いをしたことはありませんか？

そんな人たちに、私が培ってきたノウハウを伝えたい、それが本書執筆の最大の動機です。

私は長年予備校の現代文の講師を務め、多くの受験生たちに小論文を指導してきました。彼らの多くは、文章の書き方の基本をまったく知りませんでしたが、ルールを覚え、実践することで、みるみるうちに論理的な文章が書けるようになっていきました。そんな経験を持つ私は、書くことを教えるプロだと自負しています。

また、これまでの経験や知識をより多くの人たちに伝えたいと思い、たくさんの本を出版してきました。累計部数はざっと六〇〇万部を超えています。私の文章を書くためのノウハウは、受験生たちへの指導と自分自身のこうした執筆活動の中で培われ、磨かれてきたものです。それを本書でご紹介したいと思います。

最近は、メール、ブログを始め、フェイスブックなど手軽に情報発信できるSNS（ソーシャルネットワークサービス）ツールの登場によって、人が文章を書く機会が以前よりかなり増えました。

しかし、残念なのは、情報発信の機会は増えているものの、文章を書くことが苦手という人が多いことです。そのために、せっかく情報発信をしていながら、それが読む人に十分に伝わっていないケースが多いということです。

自分の持っている情報や意見をほかの人に伝え、ちゃんとわかってもらうには、論理的に文章を書く必要があります。文章を書くのが苦手な人は、単に「論理的な書き方」を知らないだけです。

論理的というと、むずかしく感じるかもしれませんが、その基本はとても簡単なルールです。そのルールを知り、守りながら文章を書けば、誰でも自分の伝えたいことをわかりやすく書けるようになるのです。

携帯電話やパソコンが普及し、コミュニケーションツールは多様化しましたが、話すこと、聞くこと、書くこと、読むことがコミュニケーションの基本であることには現在も変わりがありません。

これだけ情報発信とコミュニケーションの手段が増えている今、書くことが苦手なままでいることは生涯にわたって大きな損をし続けることになります。

また、ビジネスの現場では、今でも書くことは重要なデスクワークです。企画書や報告書など、ビジネス文書を自在に、説得力を持って書けることは、ビジネスマンの強い武器です。だから、一人でも多くの人に論理的に書く力を身につけてほしい、それが私の願いです。

また、論理的に書く技術を知り、その力を育てていく過程では、論理的に考え、読み、話し、聞く力も養われていきます。書くことができるようになることで、論理力がオールラウンドに自分のものになるのです。

しかも、一度身につけた論理力は、一生、錆《さ》びつくことはありません。生涯にわたって、あなたが過酷な競争社会を生き抜くための武器になるでしょう。

本書を手にしたことをきっかけに、多くの人がコミュニケーション能力を高め、よりよい人生を送っていただきたいと願ってやみません。

目次

第2章　論理を意識するだけで文章は変わる！〈基本編〉

第3章　論理を意識するだけで文章は変わる！〈応用編〉

第4章　簡単だけど魅力ある文章を書くために

第5章 今日から役立つ! ビジネス文書の作法

ゆいの自己紹介

私の名前は、ゆいです。

社会人も四年目を迎えました。出口汪先生のお話を伺うのは、『論理的に考える技術』『論理的に話す技術』（弊社刊）に続いて今回が三回目になります。

今回テーマは『論理的に書く技術』。いよいよ「できる女」「大人の女性」になるための最終兵器（？）についてたっぷり講義していただこうと思っています。

メールやツイッターやブログなど、文章を書く機会はみなさんも増えていますよね。実は私、メールで取引先や友達から、誤解をされてしまったことが何度かあります……。これじゃあ、上司をうならせるようなキラキラの企画書を書くことなんて、いつまで経ってもできそうにありません。

なので今回の私は、とっても真剣！　切実！（もっとも、これまでだって真剣、切実でしたけどね）　相手に伝わる論理的な文章が書けるようになれば、仕事もプライベートもワンランクアップ間違いなし、と出口先生もおっしゃってます。

というわけで出口先生、本気でお願いしますっ！

第1章

あなたの文章は
どうして伝わらないのか？

他人は、あなたのことに興味がないもの

ゆいちゃん、どうしたの？　いきなり電話をかけてきて「助けてください！」なんて言うから、何が起こったのかと思って、びっくりしちゃったよ。

……すみません、先生。驚かせてしまって。でも、あのときはショックを受けていたというか、「もうダメだ、どうしよう……」ってかなり混乱していたから。

いったい何があったの？　いつものゆいちゃんらしくないなぁ。マジメで、すっごく深刻そうだ……。

えっ？　それじゃ、私がいつもマジメじゃないみたいじゃないですか（怒）。もう先生ったら、そんなことはどうでもいいんです。私が悩んでるのは、「書く」ってことなんです。どうしたら、ほかの人にわかってもらえる文章が書けるのかって。

はっはぁ……。ゆいちゃん、ショックを受けるようなことがあったみたいだね。どんなことがあったの？

実は、企画書を書いたんですけど、課長に「何が書いてあるのかわからない！」ってひどく怒られちゃいまして……。前から、企画書とか報告書とか、わかりづらいって言われたことはあったんですけど、そこまではっきりと怒られたことはなかったから……。

なるほど。上司からこっぴどく叱られたんだね。それじゃあゆいちゃん、メールとかはどうかな？　やっぱり、相手から読みづらいとか言われる？

う〜ん……、メールなんかはそこまで言われないかなぁ。メールって、短いじゃないですか。だから、書くときもそんなに悩まないし、大丈夫なんだと思います。

そうか。やっぱり「長い文章」というのがポイントなんだね。企画書とか報告書を書かないといけないときは、緊張するし、プレッシャーもかかるからね。それに、いつまでも時間をかけるわけにもいかないし。

そうなんですよ。それでなくても文章を書くのって得意じゃないのに、ちゃんと書かなきゃ、早くやらなきゃってプレッシャーがかかっちゃって。

文章を書き慣れていない人って、だいたいそうなんだよ。でも、ゆいちゃんの会社の上司だって、おそらく社長にしても、最初から、企画書や報告書がきちんと書けたわけじゃない。それなりの努力や慣れで書けるようになったはずだよ。だから、ゆいちゃんも訓練をして、ポイントさえつかめれば、必ずちゃんとした文章が書けるようになるよ。心配しなくて大丈夫さ。

本当ですか？　良かった……。

ところで、ゆいちゃんは**文章を書くときに「大切なこと」**って何だと思う？

うーん、自分の言いたいこと、伝えたいことがちゃんと書けてるってことですかね……。

そうだね、間違ってはいないけど、半分正解の50点かな。伝えなければいけないことが書けてるっていうのはもちろん大事なことなんだけど、もっと大切なの

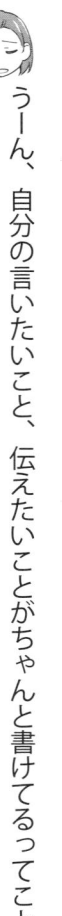

は、**それが読んだ人に伝わる、わかってもらえるってこと**。だって、いくらたくさん書いたって、それを相手が理解できなかったら意味がないよね。

ああ、そうですね！

誰かに何かを書くときには、それが相手に伝わらなければ意味がない。話すときもそうだけど、**どんなに素晴らしいことを言おうが、書こうが、それを相手がまったく理解してくれなかったら、伝わっていないと同じこと**だよね。極端なことを言ってしまえば、何も言わなかった、書かなかったのと一緒になっちゃうんだ。

う〜ん、そうかぁ……。

私はよく「**他者意識**」っていう言葉を使うけど、ゆいちゃんには前にも説明したよね。覚えてるかい？

はい。「人間は基本的にわかり合えない」っていう意識のことですよね。だから、わかってもらえる努力をしなくてはいけない。そのためには、相手のことを考えたり、相手の立場に立ったりすることが必要で、そのための「論理力」も大切だって……。

そうだね。復習すると、人間は、たとえ親子であっても、別個の肉体を持ち、別個の体験をしている限り、そう簡単にはわかり合えないという意識、これが他者意識だよ。わかりやすく言えば、「自分のことは誰も知らない」「自分のことは誰もわからない」という意識とでも言えばいいかな。

う〜ん、その話は先生にしていただいて、わかってるつもりなんですけど、つい忘れちゃうというか、甘えちゃうっていうか。企画書で課長に怒られ

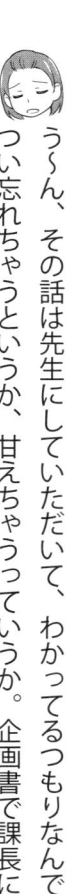

たときも、課長ならわかってもらえるって、どこかで甘えてたところがあったのかもしれません……。

誰でも、初めて会った人やよく知らない人に、自分のことをわかってもらいたいと思えば、わかってもらうための努力をするはずなんだ。そのときには、他者意識がしっかりと働いている。だけど、よく知っている人同士だったり、余裕がなかったりすると、わかってもらおうという意識、努力を怠ってしまうことがあるんだ。

そうなんですよね。

何かを書くってことは、実は話すのと一緒で、コミュニケーションなんだ。つまり、相手に伝わって初めて成立する。出版や新聞といったマスコミ、つまりマス・コミュニケーションだって、要するにコミュニケーションだよね。どんな崇高な精神で書かれた小説だって、そこに何が書いてあるのか、作者が何を言いたいのか、読者にわからなければ価値がなくなってしまうんだ。だから、ベストセラーっていうのは、内容が面白い、優れているというのも大事だけど、読みやすいっていうのも大事な要素なんだ。

確かに、面白い本って、読みやすいし、わかりやすいですよね。だから、本の世界に入り込めちゃうっていうか。

その通り！　**小説や評論だけでなく、企画書でも、わかりやすいっていうことはすごく大切**なんだよ。そして、読みやすい、わかりやすい文章を書くためには、まさに他者意識が重要になる。**読む人のことを考えて、読む人が読みやすくて、わかりやすい文章を書こうという意識、努力がとても大事**なんだ。それは、特定の人が読み手の場合でも、不特定多数の場合でも一緒だよ。

そうか。自分の言いたいことを書こうとするよりも、まず読む人のことを忘れないことが大切なんですね。

そうなんだ。文章を書き慣れていない人や苦手だっていう人は、そのことを知らなかったり、忘れていたりするんだ。**文章のうまい下手よりも、読む人のことを考えるっていうのが、文章を書くときの基本**かもしれない。文章を書くことは、読む人、つまり他者を思うこと。**相手に伝わる文章が書けるようになると、コミュニケーション能力が増すだけじゃなく、他人への思いやりも同時に育っていく。**「書ける」ことの本当のメリットはここにあるんだ。

私の場合は、その一番大切なことを忘れがちってことかも……。反省します。

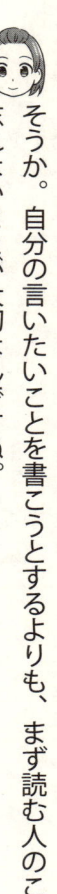

他者意識が欠如した学生のレポート

でも、それはゆいちゃんだけじゃないから安心してね。学校では文章の書き方を教えるよね。小学校だったら作文の書き方、高校なら小論文の書き方かな。だけど、そのときに教えられることって、文法だったり、起承転結だったり、テクニック的な部分だったりで、読む人のことを考えて書く、どう書いたら読みやすいか、わかりやすいかということは、比較的教えられないことが多いんじゃないかな。

だから、自分の書いたものについて、はっきり指摘される機会がなかった学生を含めた若い人たちが、読む人のことを考えて書くことができなくても、ある意味仕方がないと言えるかもしれないな。

私も作文の書き方や小論文の書き方は教わりましたけど、読む人のことを考えてとは言われなかったような気がします。

そのためだと思うけれど、予備校で学生たちの小論文を読んでいても、何が言いたいのかよくわからないものが多い。何を書けばいいのかわからないというのではなくて、言いたいこと、書こうとすることはあるのに、こちらに伝わるような書き方ができていない、そんな文章がかなりあるんだ。

ゆいちゃん、作文や小論文は得意だった？　大学時代にはレポートも何度も書いたはずだよね。

あまり得意じゃなかったです。いつも、何を書けばいいのか悩んで、そのうち時間がなくなっちゃって、どう書いたらいいのかわからないまま、とにかく書いちゃう……そんな感じでした。

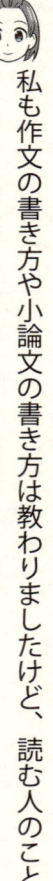

そういう学生が多いのかもしれないね。大学の先生たちの話を聞いても、どうしても何が書いてあるのかわからない、何を言いたいのか伝わってこないレポートや答案が多いっていうから。

そうなんですか、本当に私だけじゃなかったんですね！

うん。そういうレポートが多かったら、教員が指摘して指導するのが一番いいんだろうけど、なかなかそこまでやってくれる人はいないんじゃないかな。レポートや文章の書き方を教えるための講義じゃないってこともあるだろうしね。

友達同士でレポートを見せ合って、言っていることが間違ってないかとか、わかりやすいかとか、感想を言い合うのもいいと思うけれど、そういうことをする機会もほとんどないよね。だから、自分の書いたものがきちんと読む人に理解されているのか、わからないままに終わってしまう。

書いたものを人に読まれるのって、恥ずかしいですしね。とくに、目の前で読まれるのって、すごく……。自分の企画書を目の前で課長が読んでいるときなんて、逃げ出したくなります。

そうだよね。私だって、編集者に目の前で自分の本の原稿を読まれるのはやっぱり恥ずかしいからね。持ち帰ってから読んでくれないかなって、今だに思ってしまう。

先生もそうなんですか！　みんな同じなんですね。

ところで、ゆいちゃん。受験勉強をしている頃に、「できる受験生は、設問を読むと、出題者がどんな答えを求めているかがわかる」という話を聞いたことがある？

あっ、あります。「へぇ、すごいなぁ～」って思って、一生懸命、設問を読んで、考えたことがあったけど、私はそこまでのレベルにはいかなかったです。

これは今話していることについての他者意識とは少し違うのかもしれないけれど、読み手のことを考えて書くという点では、共通するものがあると思うんだ。小論文も含めて、論述式の問題の正解は一つではないとはいうけれど、「出題者が求めている答え」というのは存在するんだ。だから、それに近いことがわかりやすく書かれていれば、それだけ高い点数がもらえる。

なるほど～。

教員が読んで、「わかるレポート」が書けない学生というのは、どんなレポートが求められているか、どんな文章なら読みやすいか、そういったことを考えて

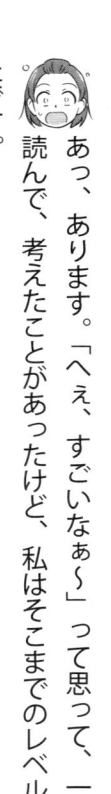

いない。**つまりは、他者意識が欠如しているわけだね。**

確かに私、学生時代に読む先生のことを考えてレポートを書いたことなんて、一度もありませんでした……。

企画書が書けないビジネスマン

他者意識というのは、読み手のことを考えるということだけじゃない。それは、客観的な視点を持つということでもあるんだ。ゆいちゃんも会社に入って、苦労しているみたいだからわかっていると思うけれど、企画書というのは、自分の考えやアイデアを書けばいいというものではない。

はい、それは痛いほど思い知らされました。最初の頃は、どう書けばいいのかまったくわからなくて、思いついたことを羅列しただけのものを出し

て、「こんなの企画書じゃない！」って、ひたすら怒られました。まあ、それは今もなんですけど……。

私は立場上、企画書を読む機会がたくさんある。自分のスタッフが書いた企画書や、出版社の編集者が、こんな本を書きませんかと企画書を持ってきてくれることもあるからね。その経験から私が考える**いい企画書というのは、企画の意図がはっきりと伝わってくること、客観的な視点による分析がきちんとされていること、この二点がしっかりしているもの**だ。この二つの要素が満たされている企画書は、読んでいて「なるほど！」と思うし、説得力を感じる。

話は少し変わるけど、ゆいちゃんはお酒を飲んだっけ？

はい、友達とときどき飲むぐらいですけど。ご飯を食べながらビールを飲んだり、ワインを飲んだり、あまり強くはないですけどね。

それなら、「家飲み」って知ってるよね。

はい。自分の家で好きなお酒を選んで、手間のかからない、おいしいおつまみをつくって飲むっていう。今ちょっとしたブームのスタイルですよね。テレビで取り上げられたり、「家飲みの達人」と呼ばれる人のブログが話題になったりしてますよね。

家飲み好きな人向けの本が何冊も出ているくらいだしね。たとえば、そのブームに乗って、家飲み向けレシピ本の企画書を書くとしよう。

家飲みがブームで関心が集っている。でも、家飲みをしている人たちの多くは、気軽だからスーパーやコンビニで惣菜を買ってきたり、自分でつくっていたとする。だけど最近では同じようなおつまみばかりになって飽きている。そこで、そんな人たちに、簡単だけどおいしいおつまみ、冷蔵庫にあまりがちな食材で、手間をかけずにつくれるおつまみを紹介する本をつくったとしたら——。これを企画の基本コンセプトにしようか。

だけど、このままのコンセプトでは企画書としてはいま一つなんだ。説得力がない。何が足りないか、ゆいちゃんにはわかるかな?

う、うん……。もっと具体的な内容が必要だってことでしょうか。たとえば、どんな料理や食材を取り上げるかとか。

うん、そういった企画をより具体的にイメージできる要素も必要だよね。でも、それだけじゃまだまだだよ。家飲み本は何冊も出版されているけれど、すべての本が同じように売れているわけじゃないよね。だから、売れている本とそうでない本はどこが違うのか、たとえば、著者の知名度の差か、取り上げている食材やメニューなのか、それともレシピの紹介の仕方や写真の使い方に違いがあるのかといった、**客観的な分析が必要**になる。

その分析の上に立って、著者を誰にして、どんなメニューを候補にして、どんな体裁にしてといった具合に企画書をつくっていけば、すごく説得力のある企画書ができる。

ゆいちゃんだって、こうした分析がしっかりとしてある企画書を読んだら、「なるほど！」と思わないかい？

はい。似たような企画でも売れているものとそうでないのはここが違うということがはっきり示されていたら、確かに説得力があります。

そうだよね。そういった客観的な分析までしていなければ、会議で「どうしてその企画ならいけると思うんだ？」と突っ込まれたときに、立ち往生してしまうよね。しっかり分析したからといって、必ずしもヒットするわけではないけれど、確率はぐっと高まる。分析もせずに、ただ人気がある企画の後追いをしただけでは、なかなか成功するのはむずかしい。

企画って言われると、つい自分の思いついたアイデアっていうか、こういうのがいいんじゃないかっていうことばかりを書いちゃってたかも。

何でもいいからアイデアを出せと言われたときなら、それでもいいかもしれない。でも、企画書となったら、アイデアを並べただけじゃダメなんだ。客観的な視点というのは、他者意識にも通じるよ。第三者の視点で、自分のアイデアを分析し、評価するということだからね。

う～ん、ちょっとむずかしそう。だけど、頑張ります！

独りよがりにならないように気をつけて

今挙げた何が書いてあるのかわからない学生のレポートも、思いつきを並べただけの企画書も、根本にあるのは**他者意識の欠如**だといっていい。他人がそれを読んだときにどう思うか、見方を変えれば、他人がそれを書いたとき、自分がそれを読んでどう感じるかといった意識があれば、そんな過《あやま》ちは防げるはずだ。自分の言いたいことをどう書いたら読む人によく伝わるかも考えずに、構成も文法もメチャクチャな文章で書いてあったとしたら、ゆいちゃんはそれを読んだらどう感じる？

やっぱり、「何を書いてるんだろ？　もっとわかるように書いてよ」って思っちゃいます。

そうだよね。普通の人ならそう感じる。さっきも言ったけれど、ものを書くということは、コミュニケーションなんだ。書いたものが相手に理解され、言いたいことが伝わって初めて意味がある。相手に伝わるかどうか、理解されるかどうかを考えずに書いたのでは、それはコミュニケーションではない。

耳が痛いですが、聞いている人もいないのにブツブツ言ってる……つまり、独り言と同じようなものってことですか。

うまいこと言うね。その通り、独りよがりな行為だよね。相手に伝わっていてもいなくてもおかまいなしなんだから。自分の言いたいことを吐き出せば、本人は気持ちいいかもしれない。自己主張はできたと思っているんだろうから。でも、訳のわからないものを読まされた方は迷惑だ。

話すときも、相手がどんな反応をしているのかを見ようともせずに、言いたいことをまくし立てる人っているよね。

いますね。みんなうんざりした顔して、相槌《あいづち》も打たないのに、話し続ける人、周りにもいます。

話をするときは、ほとんどの場合、目の前に聞き手がいるのだから、気をつけていれば、聞き手が自分の言っていることを理解してくれているのか、どう感じているのか、反応を見ることができる。

でも、文章を書くときには、読み手の反応がすぐにはわからない。さっき目の前で書いたものを読まれるのは恥ずかしいって話をしたけれど、**だいたいの文章は自分の目の届かないところで読まれることが多い**。メールもブログもそうだし、企画書やレポートだって、提出したら、いつ、どこで読まれているのかわからない。

だからこそ、文章を書くときには独りよがりにならないように気をつけなければいけないんだ。

考えてみれば、読んだ人がわかってくれたのか、どう感じたのかどうかがわからないっていうのはちょっと怖いですね。

表面上はいつもと同じように振る舞っていたとしても、心の中では、「あんなひどいもの書いて……」って思われているかもしれないとしたら、すごく嫌だよね。何気なく、不注意で書いたもので自分の評価が決まってしまったとしたら、最悪としか言いようがない。

くどいかもしれないけど、**ものを書くときには、常に他者意識をしっかりと持っていなくちゃならない**。他人がこれを読んでわかってくれるか、どう感じるか、そういった意識、視点が不可欠なんだ。

でも、他者意識を持ち続けるっていうのは、大変なような気もするんですけど……。

だけど、話すときに比べたら、書くときの方が冷静さや他者意識は持ちやすいと思うよ。自分がどんなことを話しているのか、一〇〇パーセント理解しながら話すのはむずかしいかもしれないけれど、書くときには、自分で読み返すこともできる。**自分の書いているものがちゃんと伝わるか、独りよがりになっていない**

か、他者意識さえ持っていれば、簡単にチェックできるのだから、そんなにむずかしく考えなくてもいいんだよ。

そうか、書きながらチェックすることもできるし、書き終わってから読み返すこともできますよね。

そこが書くことの利点なんだ。その利点を生かせばいい。とにかく自分の考えを整理したり、客観的に見るためにも、まず書いて、それを読み返すこと。**ああでもない、こうでもないと頭で考えるより、とにかく文章にしてみると、意外に簡単に答えが出てくるものだし、いいアイディアも生まれるもの**なんだ。「書く」ことの最大のメリットは、この点にあるといっていい。

感情語と論理語の違いを知ろう

感情語と論理語、これについては前にもゆいちゃんに話したことがあったよね。

はい。自分の気持ちや感情を表現しているだけの言葉が感情語で、自分の感情や意見を相手にきちんと伝えるための言葉が論理語、それでいいんでしたっけ？

よく覚えていたね（笑）。極端に言ってしまえば、感情語というのは赤ちゃんが泣くのと一緒で、お腹が空《す》いた、オシッコをしちゃってオムツが気持ち悪い、といった自分の不満や不快な気持ちを声で表して、誰かがそれを察して、解決してくれるのを待つという言葉だ。

若者言葉として有名になった「ウザイ」とか「ムカツク」も、感情語だっていう話もしたよね。ゆいちゃん、今でも使ってないかい？

さすがにもう使いませんよ！　社会人になってすぐの頃は、学生時代の友達が集まると、つい「うちの上司、本当ウザクって」なんて出ちゃったけど、今そんな言葉使って、誰かに聞かれたら恥ずかしいですもの。それに、赤ちゃんが泣くのと一緒だって聞いてショックだったし。

そうか、ゆいちゃんもまた大人になったのかな（笑）。

先生、冷やかさないでくださいよっ！

ご、ごめん、ごめん。冗談はともかく、感情語には自分の感情や意見を相手に伝えたい、理解してもらいたいという意識、つまり他者意識は存在しない。

たとえば――、

「おっさん、ウゼェよ」
「えっ？」
「だから、ウゼェって言ってんだよ」

というような若者と年配の男性との会話があったとしよう。

このとき、若い男は自分の感情を吐き出しているだけで、相手にそれを理解してもらおうという意識はまったくないよね。この若い男は、「ウゼェって、どういうこと？」と聞かれたとしても、「ウゼェはウゼェだよ。ウゼェな！」、こういうことしか言わないのだろう。これでは、赤ちゃんがお腹が空いて泣いているのに誰もミルクをくれなくて泣き続けているのと大して変わらない。

本当にそうですね。自分の周りにこんな人がいたら、ゾッとします。

他者意識がないということでは、赤ちゃんもこの若者もレベルはほとんど一緒だ。むしろ、赤ちゃんよりもひどいかもしれない。だって、赤ちゃんはまだ言葉を知らず、自分の感情を相手に伝える手段は泣くことしかないのだから。でも、「ウゼェ！」としか言えないのであれば、自分の感情や言いたいことを相手に伝えられるのに、他者意識が欠如していてできないということになるから、かえって始末が悪い。

う〜ん、赤ちゃん以下ですか……。

相手のことを考えずに、自分のことをペラペラしゃべるだけの人間だって、同じようなものだよ。自分の言いたいことをきちんと伝えようという意識がなくて、努力をしていないという点では違いはないからね。

やはり、**きちんと自分の考えを他者に伝えようとしたら、他者意識と論理語は絶対に必要になる**んだ。だけど、論理語というのは、後天的に学習や教育によって身につくものだから、他者意識さえ持てれば、誰でも身につけることができる。

そして、伝わる文章を書きたいのであれば、絶対に論理語でなければならない。ごく親しい友達同士の短いメールのやり取りならともかく、きちんとした文章の中に、感情語がたくさん出てきたら、やっぱり変だよね。

それはそうですよ。友達同士のメールだって、今は「ムカツク」なんて使いませんよ。そんな言葉を使ったら、何だかバカにされちゃいそうな気がしますもの。

「昔からの慣習は古臭くて、ウザイので、もうやめるべきだ」

「きちんとした指摘ならいいけれど、愚痴のような小言はウザイし、ムカツクので、いい加減にしてほしい」

会社で上司にそんな提案や批判をしても、まともには取り合ってもらえないよね。たとえ、その根っこにあることが正しいとしても、こんなことを言ったら、こいつは言葉遣いも知らないのか、きちんとした文章も書けないのかと、社会人失格の烙印を押されてしまいかねない。自分の言いたいこと、伝えたいことは、きちんと相手に伝わる言葉、文章で表現しなければいけないんだ。

先生、そんなに「ウザイ」とか「ムカツク」とか、書く人がいるんですか？

大学生にはときどきいるらしいよ。さすがにレポートとかには書かないようだけど、アンケートを取ったり、意見を聞こうとして書かせると、平気で書く学生がいるって聞いたよ。

ふーん、そうなんですかぁ。私とさほど離れていない年代ですよね、何だか複雑……。

自己主張ばかりでは相手がイヤになる

ゆいちゃん、誰かと話をしていて、その人が自分のことしか話さない、自分の意見しか言わないとしたらどう?

嫌ですよ。そんな人とはもう会いたくないと思うし、友達には絶対なりたくないですね。

その人が男性で、すごくイケメンで、お金持ちだとしたら?

私に関してはそれでもダメ、パスですよ。いくらカッコよくて、お金があっても、自分の言いたいことしか言わなくて、人の話を聞こうとしない人なんて、一緒にいられませんからね。

そうだよね。普通はそう思う。私は予備校の講師を長くしてきたけれど、いわゆる講師や教員といわれる立場の人間というのは、人の書いたものを読む機会が多いんだ。答案とかレポートとかね。教員という立場だから、どの文章も公平な立場で読んで、評価、採点するのだけど、やっぱり読んでいてうんざりしてしまうような文章もある。

どんな文章が一番嫌になるかわかる？

う〜ん、何が書いてあるかわからない文章ですか？

それも嫌というか、がっかりする。だけど、もっとうんざりして、読むのが苦痛になってくるのは、**「自己主張ばかりしている文章」**なんだ。たとえば話をしていても一番嫌なのは、自己主張しかしない相手じゃないかな。

そうですね。普通の会話や、議論の場でもそうですけど、自己主張しかしない人って、疲れちゃうっていうか。だんだん、話を聞いてるのも嫌になって、帰りたくなっちゃいます。

そうだろうね。同じように、ものを書くときにも絶対にタブーなのは、自己主張を並べただけの文章になってしまうということなんだ。企画書の話をしたときに、客観的な分析がなければ、どんなに優れた意見やアイデアでも説得力がないって言ったよね。自己主張だけだと、どんなに言い募《つの》って、言葉を重ねても、やっぱり説得力に欠ける。

それだけならまだしも、どこまで読んでも、客観的な分析や自分の意見を裏付けるものがなくて、自分の意見しか出てこなかったら、読んでいる人間はうんざりしてくる。

書いたものというのは、自分の知らないところで読まれることが多いから、相手の反応まではわからない。

はい。目の前で読まれるのも恥ずかしいけれど、どう思われているのかわからないから怖いと思います……。

自己主張ばかりしているような文章だと、最後まで読んでもらえない可能性だってある。途中まで読んで、「時間の無駄だ！」って、ゴミ箱に捨てられているかもしれない。

こんな自己主張ばかりの独りよがりの文章を書いてしまうのも、結局のところは他者意識が欠けているからなんだ。読み手のことを考えて、相手に自分の考えを理解してもらいたいと思えば、そんな独りよがりの文章にはならないはずだから。

だいたい、**仕事ができる人の文章は、他者にしっかり伝えることを念頭に書かれているから、論理的で、説得力がある**んだ。

さらに、論理的に文章が書けるようになると、言葉によるアウトプット、つまり論理的に話すことも自然にできるようにもなるしね。

なるほど～。話すときも書くときも、他者意識がすごく大切なんですね。私は相手に自分のことをきちんとわかってもらおうという謙虚な気持ちが足りなかったのかも……。

そんなに落ち込まないで。ゆいちゃんは課長に叱られて、これではいけないって気づけたんだから。他者意識の大切さも改めてわかったはずだし、相手に伝わる文章を書ける第一歩はスタートしてるよ。

本当ですか？　それなら嬉しいです。先生、私頑張りますからよろしくお願いします！

第１章のまとめ

◎「自分のことは誰もわからない」という「他者意識」を持つことが論理的な文章の原動力になる

◎もの書くときに絶対にタブーなのは、自己主張ばかり並べた文章

◎文章のうまい下手より、読む人のことを考えてから書くのが文章を書く上での基本

◎よい企画書の条件は、意図がはっきりしていること、客観的な分析がなされていることの二つ

第2章

論理を意識するだけで文章は変わる!〈基本編〉

「他者意識」こそ論理的な文章の基本

社会に出たばかりの人たちは、まず例外なく話したり、書いたりといったコミュニケーションで悩むんだ。高校、あるいは大学を卒業するまでは、自分の周りにいる人たち、自分がコミュニケーションする人たちの多くは自分の同年代で、価値観や経験もあまり違わない人間ばかりだった。もし、コミュニケーションが取れない人がいても、その人とはつき合わなくても済む。

それが、いきなり年齢も経験も考え方も違う人間の集まりの中に放り込まれ、その人たちとコミュニケーションを取らなければいけなくなるのだから、悩まない方がおかしい。だから、そのことで落ち込まなくていいんだ。

う〜ん、私にも経験ありますが、毎日毎日、社内の人たちと話が通じなかったり、報告書や企画書など書いたものが理解されなかったり、そんなこ

とばかりだと悩んじゃいませんか……。

そうだね。そういうケースはあるだろうね。たとえば、社会人になったばかりの人が「五月病」になることがあるけれど、あれも慣れない仕事に戸惑ってというより、周囲の人とのコミュニケーションに悩んでしまうケースが多いんじゃないかと思うな。

私も「五月病」とまではいかなかったけれど、結構大変でした。仕事ができないのは周囲も新人だからという目で見てくれますけど、周りの人との接し方に気を使うことに疲れるっていうか。

人間は環境が変わるたびに、新しい人間たちと接して、他者意識が育っていくといってもいい。そして、自分の考えや感情を相手に伝えるための論理的な考え方、表現を学んでいくものなんだ。

自分のアイデアや意見をほかの人にきちんとわかってもらいたいと思えば、論理的に話し、書くことがどうしても絶対に必要になる。そのベースになるのが、他者意識なんだ。つまり、新しい環境に慣れる上でも他者意識や論理は重要なカギとなるってこと。

企画書などの文章であれば、通常、書き手は自分の考えを読み手にしっかりと伝えたい、わかってほしいと考えるから、論理的に考え論理的に書く。読み手は書き手の考えをきちんと理解しようと思うから、論理的に読む。話す場合も同じだ。つまり他者意識がお互いにあるから、コミュニケーションのキャッチボールが成立するんだ。

そうか。もし、どちらかに他者意識がなくて、わかってもらおう、わかろうという気持ちがなければ、コミュニケーションは成立しないんですね。そもそも、他者意識がなかったら、論理的に考えないってことですしね。

そう。たとえばだけど、普段私は論理的な話し方ができるという自信があるけど、家族とかすごく親しい人間と話をしていると、何を言ってるのかわからないって言われることがよくある。きっと、そのときには家族だからという甘えみたいなものがあって、他者意識のスイッチがオフになってしまってるのかもしれないね。それで、論理的な考え方、話し方ができなくなってしまってるのかもしれない。

それって面白いですね。出口先生でも、論理的なときとそうじゃないときがあるって。

でも、私だけじゃなくて、それはみんなそうなんじゃないかな。家族とか友達とか、すごく親しい人と話しているときって、みんなそんなに論理的にって意識しないだろう。もちろん、そういう間柄の人が相手でも、きちんと伝えなければいけないと考えたとき、つまり、他者意識が働いているときは、自然に論理的な考え方をする。使い分けているんだ。
たとえば、ゆいちゃんが友達と携帯でメールをやり取りするときは、「何してた？」「テレビ」「明日は？」「暇」「ご飯しない？」「ＯＫ！」「何食べる？」なんて、打ってるんじゃないかな。

えっ⁉ そうですけど、先生、もしかして私の携帯、見てませんか？

おいおい、見るはずがないよ。私も奥さんや子ども、友達とは、そんなメールのやり取りをすることがあるから、だいたいわかるんだよ。

そうなんですか。先生はそんなメール打つことなんてないと思っていたから、ビックリしちゃいました。

論理力とは言いたいことをきちんと伝える力

自分の考えや言いたいことを文章で相手に伝えるためには、他者意識が不可欠だということは、これでようやくわかったかな。

はい。以前にも先生から他者意識が大切だって教えられて、わかっていたつもりですけど、改めてわかりました。

じゃあ、くどいかもしれないけれど、とても大切だからもう一度だけ他者意識がどういうものか説明しよう。**たとえ親子、兄弟であっても、別個の肉体を持ち、別個の体験をする限り、そう簡単にはわかり合えないという意識、それが他者意識だったね。**とにかくこれを頭に叩き込んでおかなければ、論理的な文章はいつまでたっても書けやしないし、逆にこれが頭に入れば、論理的な文章の基礎はできたも同じなんだ。

はい。初めて先生からその話を聞いたときは、親子でもわかり合えないなんて、とビックリしましたけれど、考えてみればそうですよね。

うん。親子や兄弟がよく喧嘩するのは、お互いに親子なんだから、兄弟なんだからわかってくれると思ってしまうからだろうね。でも、現実には、わかり合えないものなんだ。

男女の関係で考えてみるといい。知り合ったばかりの頃は、お互いに相手のことをよく知ろう、理解しよう、自分のことをわかってもらおうとするから、喧嘩することはあまりない。ところが、だんだん親しくなり、関係が近くなって、深まっていくにつれて、「何でそんなこと、わかってくれないんだ？」と喧嘩するようになる。こんなに一緒にいるんだからと思うかもしれないけど、どんなに長く、近くにいても、完全にわかり合うことは不可能なんだ。

そのわかり合えない相手に自分の考えていることをわかってほしい、コミュニケーションを取りたい、そう思ったときに必要になるのが論理なんだ。

論理こそは異性にも自分をわかってもらう、コミュニケーションを取るために必要不可欠なツールということですか？

うーん、さすがゆいちゃん、いいこと言うなぁ。まったくその通りで、自分のことを伝えるためにも、相手のことを理解するためにも、論理は不可欠だ。

大工さんが家を建てるには、鋸《のこぎり》や鉋《かんな》、鑿《のみ》などたくさんの道具を使う。そして、腕のいい大工さんであればあるほど、多くの道具を巧みに使いこなして、いい家を建てることができる。それと同じで、**論理力が高くなればなるほど、自分の考えを相手に伝え、より深くコミュニケーションが取れるようになる**と言ってもいい。

なるほど！　ただ論理って言われると、むずかしく考えてしまうけれど、わかり合う、コミュニケーションを取る作業を家を建てることに置き換えれば、論理はそのための道具、つまり大工道具のようなものって考えると、わかりやすいですよね。

今日は私が言いたいことをゆいちゃんにまとめてもらっているような気がするね（笑）。

よく居酒屋に行くと、若い社員が何人かで飲んでいて、「まったく部長も課長も、何もわかってないんだから」と上司の愚痴を言い合って、上司は別の店で、「最近の若いやつの考えていることはまったくわからん」と嘆いているなんてことがあるよね。そんな話はよく聞くけれど、考えてみれば、**わからないのなんて当たり前**なんだ。

大切なのは、**わからないと嘆いていないで、わかり合えないものなんだと考えて、論理という道具を使ってわかり合う努力をすることだ。**

会社でうまくいかないことがあると、「何でわかってくれないんだろう？」って思って、友達に愚痴っちゃったりすることもあるけれど、それじゃいけないんですね。

人間なら、誰しも愚痴を言いたくなることはあるよ。でも、愚痴を言って終わりにしちゃったら、それでおしまいで、そこから先には進めない。わかり合えないんだったら、少しでもわかり合えるようにしようと努力することだ。

文章を書くときもまったく同じ。わかってもらえなかったとがっかりしたり、怒ったりしても仕方がないことなんだ。でも、そこからどうして自分の書いたものが理解されなかったのかを考えて、わかってもらえるような文章を書けるようになることが重要なんだ。

主語と述語〈論理的文章のルール1〉

文章を書き慣れていない人は、書かなければいけないと思うと、それだけで緊張するし、かまえてしまいがちだ。とくに、長い文章や企画書のような大切な文書だとそうだよね。

はい。友達にメールを打つときには、平気で書けるのに、大事な文書だと思うと、何から書いたらいいのかさえわからなくなります……。

書き慣れないうちは、誰でもみんなそうなんだ。でも、そんなに心配したり、むずかしく考えたりする必要はない。どうしてかというと、どんな長い文章であっても、短い文章が集まって構成されているもの。だから、**正確な文章、相手に伝わる文章を書く基本は、一つひとつの文章を正確に書くということ**なんだ。

ちょっとむずかしくなるかもしれないけれど、一つの文は、いくつかの言葉でできていて、その言葉と言葉は論理でつながっている。そして、いくつかの文がつながって、一つの段落ができているけれど、その文と文にも論理的関係があり、さらに、段落同士も論理的に結びついている。

こうして、論理的な文、段落がいくつも集まることで、論理的な文章が構成されている。

そうなんですね。どんなに長い文章でも、短い文の集まりなのか……。そう考えれば、少しは気分が楽かも。

そう。たとえ何百ページもあるような本の中の文章でも、ひたすら細かく分けていけば、短い文の集まりだよ。文章が集まって段落ができ、段落が集まって項目になり、項目がいくつもまとまって章ができている。そして、いくつかの章によって、一冊の本になる。

この基本は、ゆいちゃんが学生時代に書いたレポートも、ドストエフスキーの長編小説も一緒だ。違うのは集まっている量が多いか少ないかということ。

ドストエフスキーと一緒と言われても、安心していいのか、ちょっとわかりませんが……。

たとえが良くなかったかな（笑）。あまりむずかしく考えすぎなくてもいいって、言いたかったんだけど。

何だ、そうなんですか。そうはっきり言ってくれれば良かったのに。

ごめん、ごめん。じゃあ、ここからいよいよ本題に入ろうか。書くのが苦手という人は、何となく文章を書いたり、読んだりしていることが多い。一つの文をどんな言葉と言葉で組み立てたらいいか、文と文をどう構成していけばいいのか、そういったことをあまり考えずに書いてしまう。そのために、論理的な文章にならなくて、わかりづらい、何を言いたいのかよくわからない文章になってしまう。

あっ、そうです。先生に教えていただいて、読むときには、かなり論理を意識して読めるようになったつもりですけど、書くとなると、「ああ、大変だ」って思っちゃって、言いたいことは？　言わなきゃいけないことは？　という具合に深刻に考えちゃいます。

やっぱり、ゆいちゃんもそうか。でも、心配しなくていい。**言葉やその使い方、文章の規則といったことを意識できるようになれば、すぐに文章は驚くほど変わるもの**だからね。

本当ですか!?

もちろん。まずは、正確な文章を書くための第一歩から始めよう。**それは主語と述語だ。**日常会話などの話し言葉のときには、主語が抜けても、意味が通ることがある。でも、文章を書くときには、主語と述語はしっかりと意識しなければならない。

一つの文はいくつもの言葉で成立しているけれど、要点となるのは主語と述語で、そのほかの言葉は、より具体的に伝えるために、主語と述語を飾る言葉、修飾語だ。

それじゃあ、今からゆいちゃんに問題を出すよ。

ええっ、テストですか⁉

問題といっても、小学校低学年の国語のドリルのようなものだから、そんなに緊張しないで。

これから私がホワイトボードに文を書くから、その文の主語と述語を考えてほしいんだ。

テーブルの上の時計が急に大きな音で鳴り出した。

この文章の主語と述語は何だろう？

主語が「時計」で、述語は「鳴り出した」です。

正解。「時計が鳴り出した」だけでも、一つの文として成り立つよね。

「テーブルの上の　↓　時計が」

「急に　↓　鳴り出した」

「大きな音で　↓　鳴り出した」

というように、ほかの言葉は主語や述語を飾っている言葉で、なくても困らない。だけど、その修飾語があった方が、そのときの情景がわかりやすいから、使われている。

そうか、そういうふうに考えると、文章ってわかりやすいです。

言葉のつながり〈論理的文章のルール2〉

二つの目のポイントは、言葉のつながりを意識することだ。「テーブルの上の時計が急に大きな音で鳴り出した」というさっきの文章でも、主語と述語以外にもいくつかの言葉が使われているけれど、その言葉の一つひとつはほかの言葉にかかって、役目を果たしている。「テーブルの上の」が「時計が」にかかり、「急に」と「大きな音で」が「鳴り出した」にかかっているようにね。

一つの文には要点と飾りの部分があって、言葉は必ずほかの言葉とつながりを持っている。

その言葉のつながりを意識して、きちんと使うことで、わかりやすくて、正確な文章を書くことができるようになる。

じゃあ、また問題を出すよ。次の文の言葉のつながりを考えてみて。

> 私は東京に住んでいる祖母を訪ねた。

主語と述語はわかるよね。

「私は」が主語で、「訪ねた」が述語です。

そうだね。じゃあ、どの言葉がどの言葉とつながっているか考えて、わかったら矢印を使って書いてもらおうかな。

えーと……、はい、わかりました。

「東京に」↓「住んでいる」↓「祖母を」↓「訪ねた」

うん、そうだね。「東京に」が「住んでいる」にかかって、「東京に住んでいる」が「祖母を」にかかっている。そして、「東京に住んでいる祖母を」が「訪ねた」につながっている。この文章の場合、主語は「私は」、述語は「訪ねた」で、「祖母を」が目的語になり、「東京に」と「住んでいる」は「祖母を」の修飾語と考えることができる。

じゃあ、次はもうちょっと複雑な文をやってみようか。

大粒の雨が、地面に叩きつけるように降ってきた。

今度はどうだい？　わかるよね。

はい。「雨が」が主語で、「降ってきた」が熟語ですよね。これだけで文章が成り立ちますから。それから、ほかの言葉がどれにつながっているかというと、えぇ～と、わかった！

「大粒の」↓「雨が」↓「降ってきた」
「地面に」↓「降ってきた」
「叩きつけるように」↓「降ってきた」

お見事。こういうふうにものすごく長い文章も、一つひとつの文章を区切って、分解していくと主語と述語があって、それに目的語、修飾語がつながって、形成されている。そのことがつかめれば、どんなに複雑に思える文章も、読んで理解することができるはずだ。

これは書くときも一緒だよ。主語と述語がはっきりしていて、言葉と言葉のつながりがきちんとしていれば、読んだ人はすぐにその文を理解してくれる。結局、**書くのが苦手な人は、その言葉のつながりがおかしくなってしまったり、どこかで文同士のつながりが矛盾したり、わからなくなったりするというミスを犯しがち**なんだ。そして読み手が理解できない文章になってしまう。

何ごとも基本の積み重ねっていいますが、文章を書くのも一緒という訳なんですね。

そう。ゆいちゃん、今日は冴えてるなぁ。それじゃあ、応用問題を出そう。次の三つの文を組み合わせて、一つの文をつくってみようか。

① 私はゴッホの絵を観た。

② ゴッホの絵は素晴らしかった。

③ 私は思わず感動して泣いてしまった。

三つの文を並べても、言いたいことは伝わる。でも、組み合わせて一つの文にすれば、もっと簡潔でわかりやすい文になるんじゃないかな。どう?

ちょっと待ってくださいね。う〜ん、これでいいかなぁ……。

私は素晴らしいゴッホの絵を観て、思わず感動して泣いてしまった。

素晴らしいね。正解だ。三つの文を並べるよりも、一つの文にした方がすっきりしている。こうした方法も、読みやすくて、わかりやすい文章を書く方法だ。それに、こうしたステップを踏むと、言葉のつながりがわかりやすい。もし、自分の文章を読み直して、おかしいなと思うところがあったら、言葉のつながりを考え直してみるといい。そうしたつながりがおかしなところを直すだけで、わかりやすい文章になる場合も結構あるからね。

いつも何気なく書いたり読んだりしていましたけど、こういうふうに考えると、すごくわかりやすいです。文章を書いていて、あれっと思ったら、まずは言葉のつながりをチェックしてみればいいんですね。

文と文のつながり〈論理的文章のルール3〉

ここまでは一つの文がどう成り立っているか、言葉がどうつながっているかを見てきたけれど、ここからは文と文、文と語句とのつながりを考えるよ。少し複雑に思えるかもしれないけれど、よく考えれば、そんなにむずかしくはない。

ポイントになるのは、指示語と接続語だ。この二つは、学校の国語の授業でみんな習ってるはずだ。

はい、習いました。よくテストにも出ましたよ。この指示語はどの言葉を指しているのかとか、このカッコに入る接続語を入れなさいとか。その頃は、めんどくさいなと思いましたけど。

それじゃあゆいちゃん、まず次の文章を読んでみて。

> 僕は父親参観日が好きです。どうしてかというと、父親参観日にお父さんの前でいいところを見せると、あとでたくさんおもちゃを買ってもらえるからです。でも、父親参観日にいいところを見せるとおもちゃを買ってもらえることはお母さんには内緒です。

どう？　何が言いたいかはわかるよね。

はい、わかります。だけど、何だか読みづらい気がします。途中で引っかかるっていうか、くどいっていうか。

そうだね。この文章は一つひとつの文の言葉のつながりはきちんとしているし、間違いがあるわけではない。だから、言いたいことは伝わる。でも、読みやすい文章とはいえない部分がある。じゃあ、この文章を次のように変えてみたら、どうだろう。

> 僕は父親参観日が好きです。どうしてかというと、そのときにお父さんの前でいいところを見せると、あとでたくさんおもちゃを買ってもらえるからです。でも、このことはお母さんには内緒です。

あっ！　何だかずっと読みやすくなりました！　すっと読めるし、前よりもわかりやすく感じますよ。

くどさがなくなったよね。前の文章は同じ言葉が何回も出てきて、読んでいて煩わしい感じがした。でも、二度目の「父親参観日」を「そのとき」に、「父親参観日にいいところを見せるとおもちゃを買ってもらえる」を「この」に変えると、ずっとすっきりした文章になった。**指示語というものを少し意識するだけで、このように簡潔で読みやすい文章にすることができるんだ。**

じゃあ、また問題を出すよ。

えっ、またですかぁ。

そんなに嫌な顔をしない。ゆいちゃんがわかりやすくて正確な文章を書けるようになるためなんだから。次の文のカッコの中にどんな言葉が入ればいいか、考えて。

①私は頑張って勉強した。（　　）成績が上がった。
②私は頑張って勉強した。（　　）成績は上がらなかった。

最初の文は一緒だ。でも、次にくる文がまったく違った意味になっている。そこに注目すれば、すぐにわかるはずだ。

①は「だから」、②は「しかし」だと思います。

そうだね。①は、直前の文で述べている事柄から当然と思われる結果について、あとの文で述べている。**二つの文は「順接」の関係**にあるわけだ。その場合、二つの文をつなぐ接続語は、順接でなければならない。この場合は「だから」がもっともふさわしい。この二つの文を一つの文にしてみると、

「私は頑張って勉強したから、成績が上がった」

となる。

逆に、②を一つの文にしたら、

「私は頑張って勉強したのに、成績が上がらなかった」

となるよね。前の文の事柄に対して、逆と思われる結果がつながっていて、**二つの文は逆接の関係**にあるから、逆接の接続語「しかし」を使うのが、正しいというわけだ。

もし、①に「しかし」が入って、②に「だから」が入っていたとしたら、どうなるだろう。

それは変ですね。意味が通らなくなってしまって、おかしな文章になってしまいます。

そうだよね。接続語というのは、便利な言葉で、文と文をつなぐ大事な役割をしてくれる。でも、間違った使い方をすると、文と文のつながりがおかしくなって、論理的ではない文章になってしまうから、気をつけないといけない。

私もたまにやるミスなんだけど、初めは、順接の文を次に書こうと思っていて、順接の接続語を書く。ところが、書きながらもっと効果的な文章にしようと思って、逆接の文を差し挟もうと考え直す。それなのに、うっかりして接続語はそのままにしてしまう、なんてこともある。読み直したときに気がついて直せればいいのだけれど、そのままだったら、おかしな文章になってしまう。

先生でもそんなミスをするんですね。私も書いているうちに訳がわからなくなって、間違った接続語を使って、文章がメチャクチャになることってしょっちゅうです。

因果関係〈論理的文章のルール4〉

お互いに文のつながりには注意しないといけないね。じゃあ、もうちょっと文と文とのつながり、接続語について見ていこうか。最初は、**「因果関係」**だ。「因果関係」は、論理的に考える上で、とても大事な要素の一つだから、文章を書くときにも注意しなければいけないポイントだ。

ゆいちゃん、「因果関係」って、簡単に言うとどういうことかわかる？

原因と結果ということですよね。

その通りだ。「因果関係」はつながりとしては順接の一種で、前後が原因と結果になっている関係のことだ。次の二つの文を見比べてみよう。

① 風邪をひいたようだ。だから、今日は学校を休んだ。

② 今日は学校を休んだ。なぜなら、風邪をひいたからだ。

この二つの文章は、どちらも同じことを言っている。「風邪をひいて、学校に行けなかった」ということだ。でも、使われている接続語が違うことに注目すれば、どこに違いがあるのかすぐにわかるよね。

はい。①は直前の文が原因で、次の文が結果になっていますけど、②は先に結果があって、あとに原因が書かれています。

そうだね。**①の場合、原因が先にあって、あとから結果が示されるから、まさしく「因果関係」にある。②の方は先に結果が示されて、どの結果にどうしてなったのかという理由があとで書かれているから、「理由づけ」という言い方もできる。**

この因果関係は、報告書や企画書ではとてもよく使われるし、説得力を増すためにとても大事なものだ。

たとえば報告書でも、こういう結果になりましたと書いただけでは十分な報告にはならない。どうしてそういう結果になったのかという原因を分析して、書かれていなければ、それから先の仕事にも生きてくる報告書にはならない。

そうですよね。ただ、成功しましたとか失敗しましたと結果が書いてあるだけなら、文書にする必要ないですしね。

そうだね。結果報告なら、口頭でも済むことだけど、上司や会社が求めている報告書は、きちんとした分析が行われているもののはずだからね。

企画書でも、前にきちんとした客観的な分析が不可欠だって話したよね。こうした消費者の好みがあり、数字でもこんな結果が出ている。そこで、こういう企画が考えられるといった具合に、ここでも「因果関係」が使われる。**論文とかレポートもそうだけれど、ビジネス文書をよく書く人であれば、「因果関係」を使いこなせるようになると説得力がグンと増すよ。**

そうなんですか！　じゃあ、「因果関係」をしっかり使えるようにしなくちゃ。でも、もっと早くわかっていたら、学生時代のレポートとか、楽だったんだろうなぁ。

イコールの関係〈論理的文章のルール5〉

今度はイコールの関係、これは文章の論理的構成の基本といってもいい。じゃあ、早速問題だ。また、カッコの中に言葉を入れてみよう。

①彼はチームの代表になった。（　　　）、キャプテンに選ばれたのである。
②僕には尊敬する人が何人もいる。（　　　）、イチロー選手もそうだ。

ゆいちゃん、どうかな。ちょっと迷うのがあるかもしれないけれど、そんなにむずかしくないと思うけれど。

今までよりもちょっとむずかしいです。②はすぐにわかったんですけど、①は、これでいいのかなぁ。大丈夫だとは思うけれど……。

これまで全問正解なんだから、自信を持って。いいかな？　答えを言ってみてくれるかな。

じゃあ、いきます。①は少し悩んだんですけど、「つまり」じゃないですか。②は「たとえば」だと思います。

おおっ、全問正解だ。①は確かにちょっと迷うけれど、「つまり」で間違いない。ほかにも、「すなわち」や「いわゆる」でも正解だ。これら三つの問題の解答である接続語は、すべて**「イコールの関係」**を表す言葉だ。

「イコールの関係」の一つで、「具体例の提示」も、文章を書くときによく使われる。企画書を書くときでも、自分の企画と類似した他社の企画の成功例をあげることがある。そんなときには、「たとえば」という接続語を使う。いろいろな文章でよく使う「具体例」をあげる方法だ。②がそうだよ。尊敬する人の具体例として、野球のイチロー選手をあげているわけだね。

ゆいちゃんもきっと大学のときにレポートで使ったことがあるんじゃないかな。

使ったとは思いますけど、どんな使い方をしたかは、はっきり覚えてないですね。

うん。かなりよく使うパターンだから、むしろ覚えてないのかもしれないね。

レポートを書くときに、自分の考えをまず書いて、それを裏づける例とか、過去にこうしたケースがあったとか具体例をあげて、自分の考えが正しいことを証明しようとする書き方をしたことがあるんじゃないかな。

ああっ!? あります。っていうか、レポートを書くときって、だいたいそのパターンでした。

この書き方は、レポートや企画書の代表的なパターンだし、文章を書き慣れない人にも書きやすいから、ほとんどの人が一度や二度は使ったことがあると思うけれど、これが**「イコールの関係」の中の「具体例の提示」**なんだ。

エピソードを紹介したり、自分と同じことを述べている文章を引用する場合も同じパターンと言っていい。図式化するとわかりやすいかな。

A（自分の主張）＝A´（具体例・エピソード・引用）

こういう形になる。

そうか……。大学のレポートはいつも図書館で参考になる本を見つけて、必死になって書いていたから、論理的なつながりなんて考えたことなかったけれど、ちゃんと論理のルールを使っていたんですね。

そうだね。きっと今企画書を書いているときにも、無意識のうちに論理のルールを使っていると思うよ。でも、まだ不十分なところがあるから、わかりづらい文章になってしまっているんだ。きちんと意識的にルールを使って、論理のルールから外れたところをなくしていけば、正確な文章が書けるようになっていくはずだ。

ゼロからのスタートじゃないんだとわかったら、何だか元気が出てきました！

対立関係〈論理的文章のルール6〉

大丈夫だよ。子どもだって、子どもなりの論理を会話の中で使ったりするしね。だから、論理と無縁の人なんていない。とくに、レポートを書いたり、企画書を書いたりしたことのある人は、論理的に文章を考えたことがあるはずなんだ。ただ、普通はそれを強く意識していないから、論理が一貫していなかったり、途中で論理的でない部分が出てきたりという失敗をしてしまう。だから、一から始めるのではなくて、精度を上げる、レベルを上げると考えればいいと思うよ。

じゃあ、いよいよ論理的文章のルールの最後に行こう。

えっ、次で最後なんですか？　えーと、これで六つ目です。たった六つのルールでいいんですか？

そうさ。**基本のルールは六つだけ**なんだよ。むずかしくないだろう。この六つのルールをきちんと守って、使いこなせれば、きちんとしたわかりやすい文章が書けるようになる。

今度は**「対立関係」**だ。これもよく使われる。ゆいちゃんもこれまでに何度も見たことがあるはずだ。企画書でもよく使うよ。自分の企画がいかにいいものであるかを強調するために、過去の事例との違いを指摘することがある。この手法は**「差別化」**と呼ばれるけれど、これも「対立関係」の一つだ。

じゃあ、また問題だ。今度もカッコの中に入る言葉を考えてみよう。

①父は腕のいい、信頼される昔気質《かたぎ》の大工だった。（　　　）、今ではそんな一徹で頑固な職人の姿を見かけることもなくなった。

②彼は連日の徹夜で疲れ果てていた。（　　　）、彼はやるべき仕事をやり続けたのだった。

どうかな。これはそんなにむずかしくないだろう。「対立関係」を表す接続語の中には、同じように使えるものがいくつもあるから、正解は一つじゃないかもしれないよ（笑）。

先生、そんな混乱させること言わないでください。じゃあ、答えを言いますよ。①も②も「しかし」が入ると思います。「だが」や「でも」もいいような気がしますけど。

うん。どちらも「しかし」で間違いない。それに、ゆいちゃんの言う通り、「だが」や「でも」を使っても、論理的に矛盾は起こらないから、間違いではない。②では「それでも」という言葉も考えられる。

「対立関係」は、自分の主張を際立たせたいときに、対立するものや対比するものをあげるというパターンで使われる。よく見かけるのは、日本のことを語るときに外国と対比させたり、現代の問題点を指摘するときに過去の事例を持ち出したりするという方法だ。

あっ、そういうのよく見ます。最近、また昭和がブームじゃないですか。だから、昭和のいいところをいろいろとあげて、現代は殺伐《さつばつ》としてるとか、矛盾がたくさんあるとか、そんな文章をよく見かけます。

ほかにも、都会と田舎を対比して都会の良さや問題点を強調するという文章もよくあるよね。

「対立関係」は、自分の主張が優れていることを強調するのに効果的な手法だから、うまく使いこなせるようになると、説得力のある文章が書けるようになる。

読むことで書く力を身につける

先生、ちょっと質問があります。ここまで教えていただいた論理的文章のルールを使って、実際にわかりやすくて正しい文章を書けるようにするには、具体的にどんなことをすればいいんですか。やっぱり、たくさん書くのが一番ですか。

書く力をつけるために、文章をたくさん書いてみるのは大切なことだけど、いきなり文章を書くといっても、どんな文章を書けばいいのかわからないだろうし、論理のルールを意識しながらとなると、それはそれでむずかしいよね。だから、ステップを踏んでいって、長い文章が書けるようにしていけばいい。

それに、長い文章を論理的に組み立てて書くには、もう少し、注意しなければいけないことがある。それについてはあとで詳しく説明するよ。

論理的な文章を書けるようになるためには、まず論理力を育てなければいけない。それから、文章そのものに慣れる必要もある。その二つにぴったりなのが、**文章を読んで、読む力を鍛えることだ**。読むことと書くことは実は一体なんだ。書く力のある人は、読む力もある。考えてごらん。文章を読んだときに、どんな論理的構成になっているか、文と文がどんな関係にあるか、言葉同士がどうつながっているか、論理のルールのどれがどこで使われているか、そういうことがわからない人が、論理的な文章を書けると思うかい？

確かに、読んでわからなければ、そういう論理のルールを使って書くこともできないですよね。

そうだろ。それじゃ次の一文を読んでみて。

おいしそうなお菓子が手際よくつくられていく。

ゆいちゃんはもうこの文の中で、言葉がどうつながっているか、すぐにわかるよね。

「おいしそうな」→「お菓子が」→「つくられていく」
「手際よく」→「つくられていく」

これでいいんですよね。

うん。この文を書いた人は、言葉のつながりがわかっているから書けたんだ。つまり、そのつながりをすぐに理解できたゆいちゃんも書けるということ。でも、この短い文の言葉のつながりがわからない人は、こんな短文でも間違いを犯すことがある。論理的な文章を読んだときに、その論理の仕組みがわからなければ、論理的な文章を書くことはできないということだ。

論理力を身につけ、育てるには、論理的な文章を読むのがもっとも有効なんだ。だから、論理的な文章をたくさん読んで、少しずつステップを上るように論理力を育てていけば、書く力は自然と身についていくんだ。ベースとなる論理力が身についていないのに、ただやみくもに文章を書いたって、論理的でわかりやすい文章は書けるようにはならないよ。

そう言われれば、そうですね。スポーツと一緒で、基本がきちんとできていないのに、いろいろなことをやろうとすると、上達しないし、変なクセがついてしまうって、よくいいますよね。

そうだね。論理のベースがさほどないのに、がむしゃらに書いてばかりでも、それは独りよがりの文章でしかないだろう。いくら「まずは書いてみよう」と言ったって、そんなものばかり書いていても、書く力はつかない。もし、その書いたものを誰かが読まなければいけないとしたら、読まされる人はいい迷惑だ。

論理力というのは、さっき説明したように、一定のルールに従った言葉の使い方だ。だから、論理力を身につけるには、そのルールを意識しながら文章を読むのが一番の近道だと私は思う。そして、論理的な文章が書けるようになるにも、このステップを踏むのが早道になるはずだ。

知らないと、書く力をつけるためには読まなければいけないの？　と思ってしまいそうですけど、つまりは「急がば回れ」ということなんですね。

その通りだよ。論理力が身についてしまえば、書くことが本当に苦にならなくなるはずだ。「あれっ、書くことってこんなに簡単なことだったのか」と思うかもしれない。

スポーツでも英会話でも、基本ができれば、あとは伸びるのが早いって言いますものね。よしっ、私も論理力を育てなくちゃ。

第2章のまとめ

◎「他者意識」のスイッチをオンにすれば、自然に論理的に考え、書く準備が整う

◎伝わる文章の第一歩は、主語と述語をしっかりと認識することからはじまる

◎「因果関係」「イコールの関係」「対立関係」。この三つを駆使すれば論理的な文章になる

◎よい文章をたくさん読むことで、論理的に考え、論理的な文章を書く力が養われる

第3章

論理を意識するだけで文章は変わる!〈応用編〉

話すことと書くことの違い

書くということに対して、私はずっと感じてきていることがある。それは多くの人が、あまりに無防備に文章を書いているんじゃないか、ということなんだ。なぜなら、個人的な日記や手紙といったごく私的なもの以外、文章というのは、不特定多数の読者を想定しなければいけないはずだからね。

えっ!? そうなんですか。でも、メールは送った相手しか読まないし、企画書も課長に出したら、課長か課の人たちぐらいしか読まないと思っていましたけど。

つい、そう考えてしまうよね。でも、メールだって、ゆいちゃんが送った相手が、ほかの人に転送する可能性はあるよ。たとえば、ゆいちゃんが「いいお店を見つけました！」と友達にメールを出したとする。そしたら、それをもらった友達が、その情報をほかの人にも知らせてあげようと、そのまま転送してしまったら、ゆいちゃんの書いた文章が知らない人に読まれることになる。もしかしたら、ゆいちゃんの署名もそのまま残っているかもしれない。

企画書もそうだ。ゆいちゃんの企画書を読んだ上司が、「この企画は面白いっ」と感じて、それを部長や役員などの上の人、あるいは、関連するほかの部署の人間に読ませることだって考えられる。

そうかぁ。自分のまったく知らないところで、書いたものが独り歩きしてしまうことがあるんですね。怖いなぁ。そんなことまったく考えないで、文章を書いてました。

企画書はともかく、メールの文面を転送するとしたら、元の発信者をわからなくするのが最低限の礼儀だけれど、不注意でそのまま送ってしまうことだってあるからね。だから、親しい人へのメールだからといって、絶対にほかの人に読まれる心配はないと安心するのはまずい。

それから、話したことは口から出た瞬間に消えていくけれど、書いたものは残るよね。しかも、一度書いて、手元を離れてしまった文章は訂正することができないしね。

何だか、そう言われると書くのが怖くなっちゃいそう。

話したことは、間違ったと思えば、その場で訂正することもできるし、あとになってからでも、話した相手に、「この前言ったこと、間違っていた。ごめんなさい」と謝ることもできる。

でも、不特定多数の人が読む文章の場合、一人ひとりに謝罪して、訂正して回ることなどできない。今は、ブログやフェイスブックで情報を発信する人がたくさんいるけれど、もっと書くという行為に慎重になった方がいいのではと思ってしまう。

誰が読んでいるかわからないと考えると、本当に怖いですよね。しかも、読んでどう感じたか、自分ではわからないんですから。

ツイッターはもちろん、ブログなどでも、己の怒りに任せて感情的な言葉を書き連ねる人がいる。ハンドルネームを使っているから、自分の本名や素性はバレないと安心しているのかもしれないけれど、冷静になって読み返してみたら、恥ずかしくなるような文章が、不特定多数の人にいつまでも晒《さら》されることになる。書いているときには、気分が高揚していて、そんなことは考えないのだろうが、これは怖いことだよ。

私、ブログはやってないんですけど、やってる友達に勧められて、やろうかなと思ったことがあったんです。でも、そのときはそんなこと考えても

みなかったです。やらなくてよかったかも……。

私はツイッターやブログを否定しているわけじゃないよ。そうしたネット上のサービスを通じて情報を共有したり、コミュニケーションをすることは悪いことではない。でも、やるからには、自分の書くもの、発信するものに責任を持たなければいけないし、慎重であるべきだと思うんだ。

話がブログやフェイスブックになってしまったけれど、これは書くという行為全般に言えることだ。口に出したそばから消えていく話し言葉と違って、書いたものは残るし、誰が読むかわからない、そのことを忘れてはいけないと言いたいんだ。

文章はどこまでも論理的に

話をするときは、テレビやラジオで話すといった特殊な場合を除いて、聞き手が目の前にいる。大勢を相手にした講演でも、聴衆は目の前にいる。だから、自分の話をどう感じているか、わかってくれているかどうか、反応や雰囲気で確認できる。

でも、書いたものはそうじゃないということですね。

うん。うなずきながら、面白がって読んでくれたかもしれないし、逆に、最初の数行を読んで、こんなもの読めるかって、放り出されてしまったかもしれない。ときどき、講演の内容をそのまま文字化するという機会が私の場合にはあるのだけれど、文字になったものを読むと、目を背《そむ》けたくなることがある。自分でもうまくいったという感触があって、聴衆の反応が良かった場合でもそうだ。かなり手を加えないと、とても不特定多数の人の目に晒すことはできない。
　自分で読んで、恥ずかしくなったり、冷や汗が出たり、話し言葉と文章を書くことの違いを否応なく思い知らされるよ。

先生みたいな、話すことのプロの方でもそうなんですか。

そうなんだよ。次の例文を読んで、ゆいちゃんはどう感じるかな。

自分の剥《む》き出しの感情にじかに触れたようで、背筋が寒くなるのです。

う〜ん、インパクトはあるけれど、ちょっとしつこいかな。

そう感じるだろうね。強調しようとするあまりに、大げさな表現、執拗《しつよう》な繰り返しを使っている。読んでみれば、「剥き出し」の感情に「じかに」触れた、というのは、重複《ちょうふく》でしつこいとすぐわかる。「話し言葉」のときは、それが気にならないし、場合によっては効果をもたらすことだってある。でも、例文のようにそれをそのまま文字にしてしまったら、恥ずかしいし、みっともないってことなんだ。

この文章例だけじゃない。「話し言葉」のときには余分な言葉、冗漫な言葉もあれば、言葉が足りない部分もある。主語が頻繁に省略され、脈絡なく主語を転換している場合もよくある。論理的に話しているつもりでも、そのまま文字にしたものを読み返すと、とても論理的とはいえない文章になっていることに気づかされる。

言葉を話すことと文章を書くことは、やっぱりぜんぜん違うものなんですね。書くときは、本当に気をつけないといけませんね。

主語を頻繁に省略しても、話しているときは、その流れで主語が何か、聞き手は想像できる。でも、書くときに同じことをしたならば、わかりづらい文章になってしまう。

言葉が多すぎても、話した言葉は消えてしまうから、それほど気にはならないけれど、文字として見るとうるさく感じるし、余分な言葉が邪魔をして伝えたいことをわかりづらくしてしまうこともある。

言葉が足りないのは、話しているときには、手振りや身振り、表情で補うことができるが、文章では文字通り言葉足らずで、何を言っているのかわからない文章になる。

なるほど、文章になると、欠点がはっきりと見えてしまうんですね。

そうなんだ。私も自分の講演の内容を初めて文字にしたときに、ビックリした経験があるよ。だから、それ以後、文章を書くときは、以前より念を入れて書き、しっかりと見直すようになったんだ。

文章は残るものだし、何度も読み返される可能性もあるから、徹頭徹尾《てっとうてつび》、論理的でなくてはならない。ちょっとした論理的矛盾、破綻《はたん》が命取りになって、せっかくの文章が台無しになってしまうことだってあるからね。

なるほど。でも、論理的に破綻のないしっかりした文章を書くのは、すごく大変そうですね……。

大丈夫だよ。初めから論理的にも、言葉遣いの点でも、まったくミスのない文章を書くなんて、なかなかできることではないんだから。そして、何度も言っているけれど、**書いたものは消えずに残る**。それを逆に生かせばいいのさ。ほかの人の目に触れる前に、読み返して直すことができる、という点は話し言葉にない書くことの長所ともいえる。

そうか。誰かに見せる前に、読み直して間違っているところがあったら、すぐ直せばいいんだ。

それも、**重要な文章なら最低でも一晩ぐらいは置いてから、読み返した方がい**

い。書いてすぐというのは、書いたときのテンションが残っているから、欠点や間違いに気づきにくい。でも、一晩置いて、冷静な目で読み返してみると、論理的な矛盾や、書いているときには効果的だと思った言葉遣いが逆効果だといったことに気づけるんだ。中には、二日か三日してから読み直した方がいいという人もいるくらいだしね。

文章を書くときには、推敲《すいこう》が必要だというのは、そういうことなんですね。読み返して、欠点や間違いを見つけて、きちんとした文章に仕上げていく。

そうだね。いきなり完璧なものを書くなんて、誰でもなかなかできるわけではないから、納得するまで読み返し、直して、論理的にしっかりしたものに仕上げる、そのくらいに思った方がいいかもしれない。とくに書き慣れていないうちは、そうだね。

面倒くさいと思うかもしれないけれど、読んだ人はその文章で書き手を判断するのだから、そんなことは言っていられない。でも、慣れてくれば、書く作業自体も早くなるし、間違いも少なくなるから、訂正も時間がかからなくなるものなんだ。

論理的な文章には文法が不可欠

わかりやすくて、正確な文章を書くには、最低限、守らなければならないルールがある。

- 論理が一貫している
- 日本語の規則にしたがっている

二番目の日本語の規則というのは、文法のことだけれど、ゆいちゃんは文法というと、どんなイメージがある？

……先生、怒らないでくださいね。文法って、子どもの頃から、よくわからないし、とにかく面倒くさいなって思ってました。

やっぱり（笑）。でも、ゆいちゃんだけじゃなくて、ほとんどの人がそう思っているんだよ。話すときには、文法を意識することはないし、文法的に少し間違ったところがあっても、言いたいことは伝わる。

でも、書いた文章は違う。文法的に間違っていると、間違った文章と見なされてしまうこともあるし、意味を取り違えられる恐れもある。

とくに、文章を書く上で注意しなければいけないのが、主語と述語をしっかりと押さえるということだ。

主語と述語は、さっき説明していただきましたね。

一つの文は、主語と述語、目的語とそれらを修飾する言葉から成り立っているから、主語と述語を押さえれば意味は通る。言い方を変えれば、主語と述語が文の要点で、それ以外の言葉は飾りにすぎない。だから、主語と述語の論理的関係をしっかり押さえればいいということになるし、逆にこの点がおかしくなると、意味のわからない文章になってしまう。

だけど、これほど大切な主語と述語の関係なのに、まったく主語と述語が対応していない文章を見かけることがあるんだ。

えっ⁉　そんなことってあるんですか。

それがあるんだよ。主語と述語が対応していない文なんて、書きそうもないように思えるけれど、意外に間違ったりするんだ。短い文だとそういう過ちは犯しにくいけれど、修飾語をいくつも重ねているうちに、主語が何だったか頭から抜け落ちてしまって、対応しない述語を使ってしまう、そんなケアレスミスをしてしまう危険は誰にもある。見直せば、すぐに気がつくミスだけど、急いでいたりして、そのまま出してしまえば、初歩的なミスを犯した文章がそのまま他人の目に触れることになる。

主語と述語かぁ、気をつけないといけませんね……。

それではゆいちゃん、次の文を読んでみて。

> 真紅の口紅を思わせるような花が、窓の隙間から差し込む透明な光の中で、美しい女性が甘い吐息を漏らすように咲いた。

一見すると、複雑な文に感じられるよね。

はい、パッと見ただけだと、すぐには理解できないんじゃないかって、感じそうです。でも、よく見ると、あっ、そういうことかって、わかったけれど。

この文の主語は「花が」、述語は「咲いた」だから、「花が咲いた」ということを伝えている文だ。

あとの言葉は、どんな花が、どのように咲いたかを伝えるための修飾語になる。それらの修飾語が多少変わったとしても、「花が咲いた」という一番言いたいことは、伝わるよね。

はい。どんな花なのかはわからないかもしれないけれど、花が咲いたということだけはわかると思います。

でも、主語と述語がうまく対応していなかったら、「花が咲いた」という肝心なことがわからなくなってしまう。次にこの文章を読んでみて。

真紅の口紅を思わせるような花が、窓の隙間から差し込む透明な光の中で、美しい女性が甘い吐息を漏らすように呟いた。

もし、「美しい女性が吐息を漏らすように」という修飾句に引きずられてしまって、こんな文になってしまったとしたら、何を言っているのかわからない。述語の「呟いた」からも、花が咲いたのか、散ったのか、判断できないよ。

はい。吐息がふっと漏れるように、花が落ちたのかなって、思っちゃうかもしれませんね。

そうだよね。だから、**言いたいことをきちんと伝えるためには、主語と述語の関係や意味のつながりを明確にさせることが、何よりも大切になる**んだ。それに、例にあげたような修飾の多い文章でも、主語と述語の関係がはっきりしていれば、明瞭な印象になる。乱暴なことを言ってしまえば、**主語と述語を押さえれば、言いたいことは伝わる**んだ。

段落の重要性を忘れない

先生、文章を書くときに、すごく悩むのが段落なんです。どこで段落を変えればいいのか、よくわからなくて。

論理的な文章を書くには、段落も無視できない。一口に段落と言っても、日本語の場合には、**「形式段落」**と**「意味段落」**の二つがある。

改行した後に、一文字下げて書かれているのが「形式段落」。改行したところで一つの段落が終わる。その名の通り形式的なものだ。

「意味段落」は一つのことについて述べている間は、ずっと同じ段落が続いていると考える。いくら改行があって、一文字下がっていても、同じ事柄について書いているなら、それは一つの形式段落になる。
英文などでは、「形式段落」と「意味段落」がほぼ一緒で、「形式段落」という概念もない。ゆいちゃん、明治時代の作家が書いた小説を読んだことはある？

……う〜ん、読もうとしたことはあるのですが、挫折しました。何ページもぎっしり文字が埋まっていて、それに圧倒されちゃって、途中であきらめてしまいました。

実は日本語の文章も、昔は「形式段落」という考え方がなかったんだ。でも、ゆいちゃんが言ったように、それだと相当読みづらい。改行がないまま一つの段落が何ページも続いたら、読むのが嫌になってしまうよね。それで、読みやすくするために、「形式段落」という考え方が生まれたんだ。とくに、最近は読みやすさが重視されて、改行が多い文章が増えた。

最近の本は白い部分が多いですよね。私はその方が読みやすいので、支持しますけど。

「形式段落」は視覚的な要素を考えたものだから、基本的には、読みやすさを考えて、自分の感覚で改行すればいい。ただ、段落であるからには、気をつけなければいけないこともある。

それは、**別なことを述べるときには、段落を変える**ということ。これは「意味段落」にも共通する鉄則で、一つの段落の中で、いくつものことを言ってはいけない。

話を変えるときには行を変えるって、国語の授業で教えられたような……。

話が変わるときには、「形式段落」上も「意味段落」上も、行を変えなければいけないんだ。たとえば、自分の考えについて述べていて、それを補完するための具体例をあげるときには、行を変える。
それから、言葉と言葉につながりがあり、文と文にもつながりや論理的関係があったように、段落同士にも関係がある。

うわっ、むずかしそう……。

自分の考えの正しさを証明するために具体例をあげる場合は、前の段落と次の段落は「イコールの関係」になる。自分の主張を際立たせるために、正反対の事例を紹介するなら、二つの段落は「対立関係」となる。前の段落で述べた結果が次の段落で書かれているなら、「因果関係」だよね。

あっ、何だ単にそういうことですか。

たとえば最初の段落で、「再生可能エネルギーが原子力に代わるものとして期待される理由」を説明したあとで、次の段落では「再生可能エネルギーには、コスト面など、クリアすべき問題が少なくない」とつなげて、具体的な問題点を列記しているといった文章が続いている場合は、その段落同士は「対立関係」ということになる。

短い文と文のつながりと一緒で、段落と段落にもそういう関係があるということだよ。そのことを意識して文章を書かないと、論理的矛盾が起こって、何を言っているのかわからない文章になってしまう。

その段落と段落の関係を読み手にわかりやすくする働きをするのが、さっき説明した接続語だ。「つまり」が使われていれば、読み手は前後の段落が「イコールの関係」だとすぐにわかる。「しかし」があれば、「対立関係」だと一目瞭然だ。

段落の関係をしっかりと意識して、接続語をうまく使えば、読みやすくて、論理的な文章が書けるんだ。

意見の言いっぱなしは通用しない

少し前に、自己主張ばかりの文章は最悪だっていうような話をしたよね、覚えている？

はい、覚えています。

自己主張しかしていない文章は、印象もよくないし、説得力がないけれど、論理的という点でも失格なんだ。**自分の意見に対して、それを論証するというのも、論理的文章の鉄則だ。**何かを主張したら、それに対する論証をする責任が生まれると言ってもいい。

むずかしそう！　「論証責任」ってやつですか。

日本人によくあることなんだけど、自分の主張に関係する具体例をあげると、それで主張の正当性が証明されたように考えてしまう、なんてことがとても多いんだ。話すときは聞き手が何となくそれで納得してしまうこともあるし、質問が出ることもあるからそれで許されることもある。でも、**きちんとした文章を書く場合は、論証なしでは絶対に許されない**んだ。

「理由づけ」が必要ってことですか。

そう。自分の意見に対して、具体例をあげるだけではなくて、その具体例がどうして意見の正しさを証明するかという**「理由づけ」**をしなければいけない。

すごく大変そう……。

でも、論証のない文章は説得力がない。自分の体験談がどんなに並べてあっても、それでその人の主張が正しいと証明されるとは、読んだ人は思わないんじゃないかな。もしかしたら、自慢話ばかりして、と反発されるかもしれない。

会議上で、上役の人が新しい提案をするときに、これまでも自分はこういった企画をいくつも手がけてきて、すべて成功させてきたっていう話をするんですが、何か変だなっていつも思うし、ほかの人も下を向いちゃったりして、微妙な空気が流れることがあります。

確かに、その人の経験からくる判断は正しいのかもしれない。でも、それだけでは説得力に欠けるよね。数字をあげるとか、筋道を立てて、その意見が正しいことを論証してくれなければ、納得はできない。

論証するのは、すごくむずかしそうに感じるだろうけど、文章を書く上での大きなポイントでもある。でも、自分の主張を論証するのは、書き手の責任だし、読み手を説得して支持してもらうには、絶対になくてはならないものだ。

どんなに素晴らしいことを言ったり書いていたとしても、論証がなかったら、論理的には失格な文章になってしまう。それくらい論証は大事なものなんだ。

いい文章の要約が文章力を育てる

文章を書く力、文章力を育てるには、いい文章をたくさん読むことだって、先ほど説明したよね。そのときにもう一つあることをやると、もっと文章力が身につき、鍛えられる。何だかわかる?

うーん、読んだ文章の感想を書くんですか？

惜しいね。間違いじゃないけれど。正解は、**読んだ文章の要約文を書くことだ。**

> 真紅の口紅を思わせるような花が、窓の隙間から差し込む透明な光の中で、美しい女性が甘い吐息を漏らすように咲いた。

さっきも例に出したこの文を要約してしまうと、「花が咲いた」というシンプルな一文になる。これは言ってみれば、着ているものも、肉も取り去って骨だけが残った文、文の骸骨みたいなものだ。でも、骸骨からは、服や肉づきに惑わされない、その人の骨格がわかる。それと一緒で、要約文を書くことで、文章の骨格をつくる力が養われるんだ。

骨格って、一番大切なもののような気がします。

成長期の子どもで大切なのは、しっかりした骨格づくりだといわれるけれど、それは文章も同じなんだ。しっかりした骨格をつくることは、正確な文章を書く基本になる。こんなことを言ったら怒られてしまいそうだけど、どんなにヒールの高い靴を履いても、脚の短い人は脚の長い人のようにスタイルよく見えないよね。文章も、骨格がきちんとできていなかったら、どんなに美辞麗句《びじれいく》を重ねても、いい文章にはならない。

先生、それって、女性にとってはきつい言葉ですから！……でもまあ、先生の言ってることはわかります。

要約文用のノートをつくって、左ページに元となる文章の切抜きやコピーを貼りつけて、右ページに要約文を書く。そして、しばらくしたら、もとの文章と要約文を読み直して、こんどはその筆者の主張を、自分の言葉で書いてみる。それを繰り返していけば、文章力はどんどん育っていく。

パソコンを使っちゃいけないんですか。

もちろん、パソコンを使ってもいい。パソコンだったら、元になる文章をコピー&ペーストして、その下に要約文を書けばいいだろうね。

私がノートにこだわるのは、自分が手書きの時代に育ったということもあるけれど、パソコンよりも手っ取り早い気がするからなんだ。他人に見せるわけではないから、きれいな字で書く必要はなくて、自分が読めればいいし、メモ書きのような走り書きだっていい。それなら、キーボードを打つよりも、私の場合はずっと早いんだ。それに、ノートなら通勤電車の中とか、ちょっとした時間にもカバンから取り出して、さっと書けるしね。

でも、ゆいちゃんがパソコンの方がやりやすいならば、それで構わないよ。

はい。でも、私もノートをつくってみようかな。

それから、**要約文をつくるという作業は、読む力を育てることにもなる。一番効果的な方法**かもしれない。書く力と読む力を同時に養えるのだから、やってみない手はないだろう。

文章と知識のストックをつくる

例として使うのに適切かどうかわからないけれど、私が書いた文章を見せるから、これを要約してみようか。

論理は他者意識が前提です。

他者意識とは、たとえ親子であっても、別個の肉体を持ち、別個の体験をする限り、そう簡単にはわかり合えないという意識です。だからこそ、筋道を立てて、論理的に話すしかないのです。それゆえ、他者意識が強ければ強いほど、論理力が芽生え、育っていきます。

どうかな、ゆいちゃん。

ちょっと待ってください……。えーと……。

人間はわかり合えないものだから、論理が必要となる。そして、そんな他者意識が強いほど、論理力は育つ。

これでいいですか？　あまり自信ないですけど。

うん、いいんじゃないかな。**要約文をつくる作業というのは、正解かどうかというよりも、とにかく、自分で読んで、その骨格を見抜くことが大切**なんだ。もちろん、あまり的外れなことばかり書いていたら困るけど、だんだん、すぐに要約できるようになっていくよ。

とにかくたくさんの文章を読んで、要約することが大事なんですね。

そうだね。それから、要約文のノートが溜まっていくと、それは**自分にとっての文章と知識のストック**になっていく。自分がいいと感じた文章を選んでいいのだから、ノートを見返せば、文章を書くときに参考になるものがたくさん発見できるはずだ。

なるほど！　自分だけのストックができるんですね。

そうやって、たくさんの文章を読んで要約していけば、知識も増えるし、知らなかった言葉を覚え、言葉の使い方や、それに付随したいろいろな文章の書き方例を学ぶことにもつながる。まさに「**知識ストック**」だ。

どんなにいいなと思ったことでも、一度読んだだけだと、たいていすぐに忘れちゃうけど、要約のノートがあれば、印象に残るし、いつでも見直せますね。

このストックは、新しいアイディアを生むヒントになることだってあるよ。自分の仕事に関係ある新聞記事やビジネス書の内容をストックしておけば、企画を考えるときにも役立つだろう。

このノートをどんどんつくっていけば、企画書を書くのが楽しく感じられるようになるだろうね。

第３章のまとめ

◎書いたものは誰が読むかわからない。だから、とことん論理的でなければならない

◎「形式段落」と「意味段落」を使いわけると文章の論理的関係が明確になる

◎自分の意見、主張を述べたなら、それを客観的な材料で論証する義務がある

◎文章力のトレーニングには、よい文章を要約すること、すなわち「知識ストック」がもっとも効果的

第4章

簡単だけど魅力ある文章を書くために

贅肉をそぎ落とし、限りなくシンプルに

論理的な文章を書くときに心がけてほしいのは、**できるだけ簡潔な文章を書くということ**なんだ。読み手にわかってもらいたいと考えると、いろいろと説明を加えたり、印象を良くしようと思って、修飾の語句を重ねたりと考えがちだけれど、そうではなくて、シンプル・イズ・ベストというぐらいに考えた方がいい。

そうなんですか。読む人を説得しなければと思うと、ついいろいろなことを書きたくなってしまいます。

多くの人がそう勘違いしている。でも、自分が文章を読んだときに、書き手の言いたいことがストレートに伝わってくるのは、言うべきことが簡潔に書かれた文章だと思わないかな。

そう言われてみれば……。あまりゴチャゴチャ書いてあると、かえってわかりづらいかも。

さっき、要約文は文章の骨格だって言ったよね。違う見方をすれば、骸骨だ。骨格はとても大事だけれど、どんなにスタイルのいい骨格をしていても、骸骨では魅力的には感じられない。骨格の周りに筋肉がついて、適度な脂肪がついて、初めて魅力的な身体ができあがる。

先生、そんな身体は女性であれば理想だし、憧れですけど、そんな人そうはいませんから！

わ、私は文章の話をしてるんだよ。無理やり女性の身体にたとえてなんかいないってば……。

まったく、もう〜。本当ですか？

気を取り直して続けるよ。人間の身体には、頭蓋骨があって、背骨があり、骨盤や肋骨《ろっこつ》、手足の骨もある。そのどれもが人間の身体を構成するのに欠かせないように、**一つのまとまった文章には、要点となる箇所がいくつかある。頭蓋骨は、文章のもっとも言いたいこと、「趣旨」に当たる。背骨は筋道《すじみち》、「論旨」と言っていい。**要点が一つでないように、骨にも手や足の骨や骨盤などいろいろある。

確かにわかりやすいです。

さっきも言ったけれど、魅力的なスタイルの根本は骨格なんだから、いい文章を書こうと思ったら、この骨格をしっかりとつくらなければならない。でも、骨格だけの文章を読んでも、言いたいことはわかったとして、味気ないし説得力も足りない気がする。そこで、筋肉や脂肪をつけなければいけないし、服も着せてあげたい。あえて女性にたとえるなら化粧もしたいし、アクセサリーもつけたくなる。

だけど、どんなに骨格が素晴らしい人でも、筋肉や脂肪がつきすぎていたら、スタイルがいいとはいえなくなってしまうし、肉のつき方は適度でも、不似合いな服を着ていたり、厚化粧をしたり、ゴテゴテとアクセサリーをつけていたら、せっかくのスタイルも台無しになる。

あっ、います、います！　うらやましいぐらい素敵なスタイルなのに、服やアクセサリーのセンスの悪い人。もったいないなぁって思います。

文章を魅力的に、わかりやすくするには、どの部分にも肉をつけ、服を着させなければならないけれど、それにはバランスを考える必要がある。胴体はギスギスなのに、腕や脚にでっぷりと肉がついていたら不格好だよね。服もその体型にもっとも似合うものを選ぶべきだし。

余分な説明が何度も出てきたり、あまり意味のないエピソードや事例が紹介されているのは、贅肉がつきすぎた肉体のようなものだし、修飾の語句が多すぎるのは、センスの良くないアクセサリーを全身にちりばめているのと一緒だ。こんな文章ではせっかくの骨格が隠れてしまって、言いたいことが伝わらなくなってしまう。

わかります。ゴチャゴチャいろいろなことが書きすぎてあって、理解しにくい文章ってありますよね。

それに、あまりたくさんエピソードや具体例を盛り込んだり、修飾しすぎると、文章の流れを妨げたり、論理の矛盾を起こしてしまう恐れも出てくる。だから、何事もバランスが大切なんだ。

設計図をつくって、論理的構成を確認

先生、長い文章を書くとき、書いているうちに、どう書いたらいいのかわからなくなってしまうことってないですか。実は大学のときに、レポートを書いている途中で迷路に入ってしまったようになって、どうにもならなくなって、結局最初から書き直したことがあります。

まとまった文章を書く場合、何も考えずに思いつくままに書き始めたら、途中で、どう進んでいったらいいかわからなくなってしまうことはよく起きるよ。地図も調べず、カーナビもなしに、初めての場所にドライブに行くようなものだ。あるいは、図面も描かずに、家を建て始めるのと同じと言ってもいい。

短い文章なら、頭の中に全体像を描いただけで書き始めてもいいけれど、ある程度のボリュームのある文章なら、書く前に設計図をつくっておくべきだ。そう

すれば、途中で進む方向がわからなくなったり、バランスが悪くなったりするのを防げる。

やっぱり初めに設計図をつくっておかないといけないんですね。

プロの作家でも、小説を書くときには、「プロット」といって、設計図のようなものをつくる。登場人物を設定した上で、誰と誰が出会って、どんな事件が起こって、どんでん返しがあって、結末はこうなるといった具合に、全体の流れと構成を考えておくんだ。

そうしなければ、どんなベテラン作家でも、話が考えていたのと違う方向に進んでしまったり、途中で、話の展開に悩んだりすることがあるようだからね。最初から終わりまでスムーズに書き続けられるわけではないから、途中で迷ったり、悩んだりしたときに、設計図がないと訳がわからなくなるんだ。

プロの作家でもそうなんですか⁉　それなら、私なんて、設計図をしっかりつくっておかなければ、きちんとした文章を書けるわけないですよね。

設計図をどこまで細かくつくるかは、人によって違うだろうけれど、原稿用紙何百枚という文章を書くのではないのなら、そんなに緻密な設計図をつくらなくても大丈夫だと思うよ。基本的な項目を箇条書きにした、メモ書き程度のものでも十分なはずだ。

福島第一原発の事故以来、脱原発の議論が盛んに行われているけれど、私が原発の存廃について文章を書くとしたら、次のような設計図をつくっておくだろうね。カッコ内の数字は、四〇〇字詰め原稿用紙に換算したおおよその文章の量だ。

自分の意見（Ａ）　原発は全廃に向かうべきだ。　（一枚）
具体例一（Ａ′）　原発の安全神話は崩壊した　（二枚）
その理由　人間に核の力はコントロールできない　（一枚）

具体例二（A）　電力会社と政財界の癒着　（二枚）
その理由　安全よりも利益追求の体質　（一枚）
対立意見　代替エネルギーは非現実的　（一枚）
対立意見に対する反証　原発維持ありきの議論　（二枚）

これが、必要な要素を盛り込んだ約四〇〇〇字、原稿用紙一〇枚程度の文章の設計図だ。

もっと細かくつくらなければいけないのかと思っていました。でも、これだけでも何を書けばいいのか、どう展開していくのかが、よくわかります。

どんな展開にするのか、本でいえば章立てを考えておくのはもちろんだけれど、それぞれの文章のボリュームをだいたいでいいから考えておくのも、大事なんだ。目安があれば、バランスの悪い体型の文章になってしまう心配もなくなるし、箇潔な文章が書ける。

そうですね。最初からバランスを考えておくと、無駄なことを書かなくなるし、安心して書けそうな気がします。

原稿用紙一〇枚の文章を書かなければと考えると、大変そうに感じるし、プレッシャーもかかるよね。でも、それぞれの項目ごとで見れば、一枚だったり、二枚だったりする。それならば、ここではどんなことを書けばいいと、具体的に考えられるんじゃないかな。

はい。原稿用紙一枚とか二枚なら、イメージが湧きやすいと思います。

こうした設計図を元に文章を書いていけば、途中で話が混乱したりしないで、筋の通った文章が書けるはずだ。文章を書き慣れていない人や苦手な人ほど、設計図をつくっておいた方がいいんだけど、実際は、そういう人ほど設計図もなしに書き始めて、苦労してしまうんだ。

とにかく論理的つながりを大切に

私は文章を書くときには、必ず設計図をつくる。それは、その方が書きやすいというのはもちろんだけど、論理的矛盾が起こりにくいからなんだ。文章の途中で、論旨がおかしくなっていたり、矛盾が出たりしたら、困るからね。

そうしたときに、途中で直すことってできるんですか？

できないことはないとは思うけれど、かなり大変な作業になるんじゃないかな。場合によっては、最初から書き直さなければいけないかもしれない。書き終わって、読み返したときに、その矛盾に気がついたとしたら、全面書き直しになるんだから、それを考えたら、設計図をつくっておこうと思うだろう。

はい、絶対に思います。

繰り返しになるけれど、文章を書くときには、文章のつながりや関係を大切にして、論理的でなければならない。これが文章を書く上での、一番の難関かもしれない。

そう思いますけど、ちょっと頭が痛くなりそうです……。

そういう人に向けてアドバイスをするとしたら、**書いている間、常に冷静さを保つこと**を意識してということだね。自分の感情にまかせたような自己主張ばかりの文章は読むに堪えないので論外だけど、**冷静さを失ってしまうと、バランスが悪くなったり、そのときの思いに流されて、論理的におかしい文章になったり**

する危険がある。

でも、書いているときに夢中になったり、うまく書けなくてイライラしたりはしますよ。

集中するのはいいことなんだけど、夢中になってしまうと、思わぬ方向に文章が進んでしまうこともある。パソコンで原稿を書く時代にこんな表現は使わないかもしれないけれど、いわゆる「筆が滑る」っていうことが起こりやすい。

えっ、それじゃあ集中力をコントロールしなくちゃいけないんですか？第一、そんなことって、できるんですか？

集中力をコントロールするなんて、完全にはできないと思うよ。でも、冷静さを完全に失わないようにすることはできる。その助けになってくれるのが、さっき話した設計図なんだ。設計図に沿って書いていくことをいつも意識してチェックしていれば、夢中になりすぎたり感情的になったりする前に、スッと冷静さを取り戻せる。

あっ、確かにそんな気がします。

「熱弁を振るう」っていう言葉があるよね。この言葉はいい意味で使われるけれど、そういうときは、話がヒートアップして行きすぎたり、冗漫になったりしていることがあるはず。でも、話すときには、その場の雰囲気や流れがあるから、論理的に矛盾や破綻をしていなければ、それも許される。もし、そのときの様子を録音して聞き直したり文字にしたものを読んだりすれば、恥ずかしくなるだろうけど、その場はすごく盛り上がって聞いている人も集中して耳を傾けてくれていることが多いものだしね。

だけど、それは話すときだから許されるので、文章を書くときには、そんなことではいけないんだ。

文章は誰が読むかわからないし、残るものだから、ですね。

そう。読んだ人がどんな反応を示すか、そういったことを確かめられないのが文章だし、読み手が読みやすく、理解しやすくしなければいけないのが文章だ。だから、文章を書くときには、冷静さを忘れずに、文章のつながりを意識して、論理的に書かなければいけない。

接続語を上手に使おう

話をするときに大切なのは、自分のペースで話を進めることだ。緊張して、その場の雰囲気に呑まれてしまったら、もう失敗と言ってもいい。私も予備校の講師になって間もない頃は、大勢の受講生を前にして、なかなか自分のペースで講義ができなかった。そんなときは、やっぱり受講生たちは集中して話を聞いてくれはしない。

実は、話すことと文章を書くことの違いはここにもある。文章は書き手が自分のペースで読ませることができない。書くときは、自分のペースで書いても、一度、自分の手元を離れてしまったら、もう訂正できないのと一緒で、あとは読み手に任せるしかないんだ。

そうか、それは気づきませんでした。読む人がどんなふうに読んでいるか、わからないんですよね。

でも、読み手を自分のペースに巻き込む工夫というか、誘導していくことはできるんだ。

ええっ⁉　そんなことができるんですか。でも、それって、むずかしいテクニックが必要なんじゃないですか。

文章と文章のつながり、段落と段落の関係を読む人に示す役割をするのが、接続語だという話はしたよね。

はい。〈イコールの関係〉なら「つまり」とか「そして」「たとえば」、〈対立関係〉なら「しかし」「だが」、〈因果関係〉〈理由づけ〉は「だから」「なぜなら」を使うんですよね。

完璧だね。接続語は文と文、段落と段落の論理的関係を示す言葉なんだけど、同時に、文章の流れやリズムをつくって、読み手を誘導したり、乗せたりすることもできる言葉でもある。

文章の流れはいつも真っ直《す》ぐではなくて、大きく反《そ》れてはまずいけど、右や左

NF　節約・貯金だけでは、もう生きていけない！

ベストセラーの著者でTVのコメンテーターとしても活躍する“お金の専門家”が教える、こんな時代でも夢を叶えることができる「活きたお金の使い方」。

人生が変わる！

賢いお金の使い方

逢坂ユリ［著］　定価680円（税込）ISBN978-4-7973-7011-9

NF　この時代、スキルだけでやっていけますか？

不安を感じることの多い現代、それを乗り越えるには、技術だけでは足りません。最後にあなたを支えるのは、単なるノウハウではなく、自分自身の中にある「自信」なのです。

一生折れない自信をつくる1番シンプルな方法

植西 聰［著］　定価650円（税込）ISBN978-4-7973-6903-8

NF　そんな事ぐらいでビクビクするな！

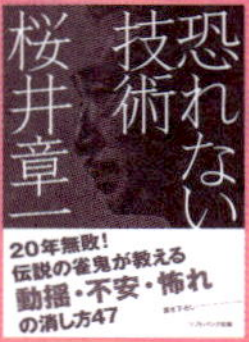

不安材料が山積みの現代、つい、イヤな現実から逃げてしまいがち。しかし、それでは真の解決にはなりません。伝説の雀鬼・桜井章一が教える、日々の動揺・不安・恐れの正体と、その消し方!!

恐れない技術

桜井章一［著］　定価680円（税込）ISBN978-4-7973-6817-8

NF　決められないヤツは、もはや生き残れない！

1秒たりとも“迷ってなどいられない”壮絶な賭け麻雀の世界。そこで20年間無敗の記録を残した著者が、いかに物事を決めるべきか、ベストの選択を導き出す考え方とは何かを伝授する一冊。

決断なんて「1秒」あればいい

桜井章一［著］　定価680円（税込）ISBN978-4-7973-6539-9

に曲がって、また元の流れに戻って進んでいく。文章のリズムもこれと同じで、いつも一定ではない。なぜなら、その方が読み手も飽きないからなんだ。その流れやリズムが変わるときのサインになるのが接続語だ。

接続語を見ると、読み手は文章がどっちの方向に流れていくのか、予測できるということですね。

接続語は便利な言葉だけれど、使いすぎるとうるさく感じられてしまう。でも、上手に使えば、読み手にこちらの考えたリズムで読んでもらえる。

さっきの話でも、接続語って大事だと思ったけれど、そんな役目をしてくれるんですね。でも、接続語を意識して使ったことなかったなぁ。

接続語は書いている流れや勢いで、何となく使ってしまうことが多いんだ。でも、それだと同じ接続語が続けて出てきて、流れもおかしいし、論理的にも「あれっ？」と思ってしまう文章になってしまっていることだってある。接続語を意識して使えば、そんなミスを犯さなくなるんだ。

自分の意見（A）→具体例（A'）→その理由→対立意見→対立意見に対する反証→論証→結論

自分の主張からはじまった文章であれば、こういう流れで書き進められることが多い。読み手は主張（A）のあとには、具体例（A'）がくると予測している。それなのに、Aのあとに「ところで」とまったく別の話がはじまったら、読み手は「あれっ？」と思って、集中が途切れてしまうんだ。

このように、**接続語を意識して使うということは、文章の流れや論理的関係をチェックすることにもなる**んだよ。

なるほど。接続語って、と〜っても便利で大事な言葉なんですね。

段落の論理関係を忘れない

接続語は文章と文章との関係を示すだけでなく、段落同士の関係を表す言葉でもあるんだけど、論理的にしっかりした、わかりやすい文章を書こうと思ったら、**段落がとても重要になる**んだ。それは、視覚的な要素を考えた「形式段落」の使い方も含めてね。

「形式段落」の使い方で言えば、書いているときのリズムがあるから、同じようなテンポで段落を変えてしまいがちになる。段落の長さが同じぐらいになっていることが多いんだ。それは一概に悪いとは言えないけれど、あまり同じリズムが続くと、文章が平坦に感じられてしまう。

だから、この文は大事だと思ったら、その文だけで改行して、段落を変えるとか、リズムを意識的に変えてみるのもいい。

何行書いたから、この辺りで改行しようかとか、つい考えてしまいます。

高速道路で、直線が長く続くと居眠りが起きやすいから、あえてカーブがつくってあるように、視覚的にも、読み手の集中を維持するということでも、ときどき、意識的に短い段落をつくったり、長い段落をつくったりして変化を持たせるのも、テクニックの一つだ。

でも、そのときに忘れてはいけないのが、段落と段落との論理的関係だ。テクニックに走って、論理的におかしくなったのでは、元も子もないからね。

そんなときには、接続語を使えばいいんじゃないですか。

そうなんだ。ゆいちゃん、わかってきたね。段落同士の関係がわかりづらいとき、関係を強調したいときなどには、接続語を使うと、読者は読みやすく感じるし、理解しやすい。話題を転換するときに、「ところで」とか「話を変えて」といった言葉を入れるのは、その代表的なものだ。
段落と段落が並列の関係にあるときには、接続語は使わなくてもいいし、むしろそのたびに入れると、うるさくなる。しかしながら、「対立関係」や「因果関係」などの場合には、自分自身がその関係を確認するためにも、読者にそれを示す意味でも、接続語を使って関係性をはっきりさせた方がいい。

見た目を気にしすぎて、どこで改行するかを気にしていると、書いていて段落の関係がよくわからなくなるときがあります。

視覚的要素は大事だけれど、そういう危険もあるよね。そんなときにも、接続語を使えば、関係を確かめることができるし、間違いに気づくこともできるよ。

ときどき、ケアレスミスだとは思うけど、段落を変えなければいけないところで改行していないケースを見かける。意味段落としては、前の文章で終わっているのに、形式段落ではまだ短いから、改行しないでそのまま書き続けてしまっていたりするんだ。こんなミスをしたら、読者は混乱してしまうだろうね。

段落の論理的関係は常に意識していなければいけないし、初歩的なミスで文章をダメにしてしまわないためにも、接続語を使うことで、段落同士の関係を確認しながら書いていくといい。

抽象化、イコールの関係、対立関係を駆使

第2章で話した論理の六つのルールは覚えているよね。

もちろんです。

六つのルールは論理的な文章を書くために守らなければいけないルールなんだけど、それを上手に使うことでわかりやすくて、面白い文章にする道具でもあるんだ。

イコールの関係には、抽象化と具体化という考え方がある。抽象化というのは、具体的な事例からその共通する要素を取り出して、一般的な概念を導き出すもの、具体化はその反対、一般的な概念から具体的な事例を引き出すことだ。たとえば、抽象化の例を出そうか。

イチロー	愛知県出身	野球	日本人
香川真司	サッカー	日本人	兵庫県出身
坂本龍一	音楽	東京都出身	日本人

← 日本人

世代も活躍する世界もそれぞれ違うイチローと香川真司と坂本龍一、この三人の共通する要素を抜き取ると「日本人」となる。これが抽象化だ。赤いバラ、白いユリ、黄色いチューリップの三つを抽象化すれば「花」になる。

抽象化と具体化ですね。言葉だけ聞くとむずかしそうだけど、そういうふうに説明してもらうと、わかります。

この抽象化を含めた「イコールの関係」、それから「対立関係」は、文章を書くとき、話すときにとてもよく使う。誰かの意見を引用したり、具体例をあげるのも「イコールの関係」だ。たとえば、ゆいちゃんがお気に入りのレストランのことを友達に話すときに、そのお店のことを褒めていた評論家のコメントを引用して、自分の意見の説得力を増そうとする、そんなことはあるよね。

ありますよ。つい、そういう言い方をしてしまうことってあります。

今ゆいちゃんが言ったように、「イコールの関係」も「対立関係」も、よく使うものだけに、意識しないで使っていることも多いんだ。大学の頃のレポートでも、今企画書を書くときでも、意識しないで具体例をあげたり、引用をしたりしているはずだよ。

はい。自然に使っていたかもしれません。

「イコールの関係」や「対立関係」は、論理的にもわかりやすいから、無意識に使っても矛盾が起こる恐れは少ないんだけど、より文章を論理的にして、言いたいことをしっかりと伝えるために、意識して使うようにするといい。

企画書を書くときなどには、自分の企画と共通点のある過去の成功例をあげることがあるけれど、それだけではなくて、あえて、過去の事例との違いを指摘して差別化することで、企画のオリジナリティを強調するというやり方もある。「対立関係」なら、たとえば日本とアメリカを比較して、その違いを指摘することで日本の良さ、悪さを語るというような方法はよく使われるけれど、ただ違いを指摘するだけでなく、共通する部分、「イコールの関係」も示せば、違いがより明白になって、インパクトが増す。

そうか。「イコールの関係」というとそれだけを使うって考えていたけれど、その中に「対立関係」を持ち込めば、より説得力が増すんですね。

安易に使うと、論理的関係がグチャグチャになってしまう恐れがあるけれど、使い方次第では、すごく効果的だから、文章を書くことに慣れてきたら試してみてもいいかもしれない。

たとえば、女性向けのダイエット本をつくる際の企画を一緒に考えてみようか。

私はプロの編集者じゃないけど出版社の経営をしている関係上、本の企画を考えるのは好きなんだ。頭の体操にもなるしね。

まず「イコールの関係」を使うと、こんなプロットが考えられる。

「イコールの関係」＝過去の「成功例のパターン」は？

↓

ベストセラーになったダイエット本は、どれもテレビで紹介されて、売れ行きに火がついている

↓

テレビに露出の多いタレントさんを著者にする

↓

テレビで紹介される確率が高い

↓

売れるダイエット本！

そういえば、私の買ったダイエット本もテレビで知って買ったものばっかり。まだまだテレビの影響力ってスゴイんですね。

でも、これだけじゃあ、まだゴールにはたどりつけない。さらに絞り込んで、誰に書いてもらうかまで踏み込まないといけないよね。そこで、ここに「対立関係」をプラスで持ち込んでみるんだ。

「対立関係」＝過去の成功例との「違い」は？

↓

最近売れているのは、食べ物や道具を使ってやせるダイエット本ばかりだ。お金もかかるし、めんどうだ。何も使わずに、買わずにすむ、タダでできるダイエット法はないか

↓

検索すると、テレビに露出の多いタレントさんで、元女子体操選手だった
○○さんが、簡単体操でやせるダイエット法をブログで紹介している
↓
○○さんにダイエット本の著者になってもらう

このプロットに肉づけしていけば企画書のキモの部分はできあがる。ここまでくれば、企画書のゴールは見えたも同然だよ。

小見出しの役割を考える

ゆいちゃん、「小見出し」って、わかるかな。

本の中で、文章の間に、少し大きな字で書いてある、項目みたいなものですよね。

そう。一冊の本では、いろいろな話を展開するから、その大きなまとまりごとに章をつくる。その章の中でも、関連する話がいくつも出てくる。そこで、話題と話題の区切りに小見出しをつくって、「別な話題に変わりますよ」と読み手に知らせ、ここではこんな話をしています、と読者にひと目でわからせる。それが小見出しの役目なんだ。

確かに小見出しがあると、読みやすいですよね。文章の始まりと終わりがひと目でわかるし、今日はここまで読もうという目安にもなって助かります。

企画書などを書くときにも、小見出しを上手に使うと、文章が整理されて、わかりやすくなる。ごく短い文章の場合は、その必要はないけれど、ある程度の長さの文章なら、話の転換点に小見出しをつくるのは、読む人に対する親切だといえる。

それに、書く方にとっても、小見出しをつくると、文章全体の流れや構成をつくりやすいし、整理もしやすいというメリットがある。

小見出しって、いつつくればいいんですか。

設計図をつくるときに、小見出しも同時につくっておくのがいいね。

〈設計図のテーマ〉		〈小見出し〉
原発は全廃に向かうべきだ	↓	原発廃止は世界的流れ
原発の安全神話は崩壊した	↓	福島原発に見る安全神話の欺瞞
人間に核はコントロールできない	↓	誰が核を管理するのか
電力会社と政財界の癒着	↓	原子力安全委員会の正体
安全よりも利益追求の体質	↓	原発廃止と料金値上げのウソ

代替エネルギーは非現実的 ↓ 代替エネルギーは高コストなのか

原発維持ありきの議論 ↓ 原発廃止議論と再処理継続の矛盾

設計図の話をしたときに使った原発についての文章を再び例に挙げると、こんなふうに設計図の段階で、どんなことを書くかということと一緒に、小見出しを考えておくんだ。もちろん、書きながら、もっと的確な小見出しを思いつけば変えればいいけれど、書きながら考えるよりも、ダミーでも最初につくっておいた方が楽だと、私は思っているよ。

これを見ると、小見出しを先につくっておいた方が、文章を書くのもスムーズにいきそうです。

そうなんだ。小見出しを考えていると、どんなことをそこで書くかが、より明確になっていく。だから、書き始めたときにも、自然に文章が出てくるから、文章の流れがよくなる。

小見出しをつくることによって、頭の中が整理されるのかしら。

きっとそうなんだろうと思う。**小見出しは読み手のためにあるものなんだけど、実は書き手にもすごく役に立つ**んだ。文章を書くとき、それも複雑になりそうな文章を書くときには、設計図をつくるときに小見出しもつくって、全体の構成や内容をよりはっきりとさせておくといいね。

同意語でも重みやキレの違いがある

話すときには、声の大きさや抑揚、間《ま》などで、自分がとくに言いたいことを強調したり、聞き手の注目を集めたりすることができる。でも、文章ではその方法が使えない。

文字の大きさや書体を変えるとか、違う色にするのはダメですか？

そういう方法もあるよね。でも、それが使える場合とそうでない場合があるんじゃないかな。ブログなどでは、強調したい文の文字を大きくするとか、色を変えるとか、よく見かけるし、絵文字を使っている場合もある。まあ、ビジネス文書では、そういうやり方はそぐわないだろうけど。

たとえば企画書で、文字の大きさや書体を変えたり、色を変えたりしたら、課長や部長の反応はどうかな。

ああ、すぐに怒られそうな気がします。若い人同士ならいいかもしれないけれど、年齢が上の人相手だとすると……。

ビジネス文書というのは、書類でもある。だから、見やすさや読みやすさを考えるのはいいけれど、やりすぎると逆効果になってしまいかねない。書類としての重みがなくなってしまう恐れがあるしね。

確かにそうかもしれません……。

そうなると、文章を強調したり、抑揚をつけたりするには、言葉遣いや文章の書き方で工夫するしかなくなる。

たとえば、自分が強調したい文を**「体言止め」**にするという方法がある。

①何よりも重要なのは、論理的な文章であること。
②何よりも重要なのは、論理的な文章であるということだ。

この二つの文を比べて、どちらの方がインパクトを感じるかな。

①の方が、印象が強いです。②は、普通の文章みたいですけど、①は強く言い切っている感じがします。

それが体言止めの効果なんだ。**普通の文の中に、突然、体言止めが出てくると、インパクトが生まれる。**ただ、あまり頻繁に使い過ぎると、効果がなくなってしまうよ。

そのほかにも、視覚的に強調する方法としては、核心の文章だけを修飾語をあまり使わずにわざと短い文章にしたり、その文だけで一つの「形式段落」にするといったやり方もある。とくに言いたい文章の前後を一行空《あ》きにするのも効果がある。

一行空いていると、あれっと思って、注意してその文章を読みますもんね。

あと、言葉の選び方で、違いをつくることもある。同じ意味で、似たように使われる言葉でも、それぞれ重みやキレが違う。その違いを利用して、きっぱりと言い切りたいとき、さらっと流したいとき、ソフトに言いたいときなど、ふさわしい言葉を選ぶんだ。

たとえば、逆接の接続語の代表的なものには、「だが」「しかし」「でも」があるけど、どれもよく使われる。それぞれ重みやキレには違いがあるの知ってたかな？

そんなこと、考えたこともありませんでした。

普通は、意識して使い分けることはないよ。でも、比べてみると、違いが感じられるんじゃないかな。

じゃあ、次の三つの文を読んでみて。

①朝起きてみると、熱があった。だが、私は学校に行った。
②朝起きてみると、熱があった。しかし、私は学校に行った。
③朝起きてみると、熱があった。でも、私は学校に行った。

この三つの文は、接続語が違うだけだけど、読んだときの印象が違う。

う〜ん。「だが」が、一番強い感じがします。「でも」はソフトな感じかな、その中間というか、普通なのが「しかし」、そんな印象ですね。

ゆいちゃんもそう感じるんだね。私もその感じとまったく同じなんだけどね。

逆接の接続語は、「対立関係」を示すときに使うから、文章の中には頻繁に出てくる。そのときに、意識的にこの三つを使い分ければ、読み手の印象を変えることができる。

かなりの高等テクニックだけど、「意味段落」が変わって、「対立関係」の段落が始まるところでは「だが」を使って、文章の流れを損なわずに、逆接を表したいときには「でも」を使う、そんな使い分けをしてもいいかもしれない。

第４章のまとめ

◎よい文章は「シンプル・イズ・ベスト」。装飾過多にならないように気をつける

◎書き始める前に、全体の「設計図」をつくれば、論理的な文章が書きやすくなる

◎改行で視覚的な変化をつけ、読み手の集中を喚起しよう

◎接続語の使い分けで文章のリズムをつくり、読み手を誘導し、乗せることができる

◎「小見出し」を使うと、長い文章も読みやすく、書きやすくなる

第5章

今日から役立つ!
ビジネス文書の作法

誰が読むのか？　誰に読ませるのか？

文章というのは、不特定多数に読まれるもの、誰に、いつ読まれるかわからない、その話は何度もしたよね。

だから、論理的に書かなければいけないんですよね。

ブログや出版物に掲載される原稿など、元々不特定多数に読まれることを前提に書かれた文章はもちろん、メールのような本来、特定の相手に書いた文章でも、手元を離れた瞬間に独り歩きを始め、自分の知らないところで、知らない誰かに読まれる可能性がある。

しかも、聞き手が目の前にいて、その反応を確かめられる「話す」という行為と違って、文章は誰がいつ、どこで読んでいるのかもわからないのだから、その反応を確かめることはできない。
だから、誰が読んでも読みやすく、理解しやすいように、かつ論理的に、簡潔に書く必要がある。

書いたものを目の前で読まれるのは恥ずかしいけれど、反応がわからないというのはすごく不安です。だから、きちんと書かなくちゃって思います。

文章というのは、話し言葉と違って残り、何度も読み返されるかもしれないのだから、論理的に筋が通って、理解しやすく書くという基本は、どんな文章であっても変わらない。ただ、**読み手が予想される文章、たとえば、上司に提出する報告書などの場合は、まずその読み手を想定して、それから書くべきだ。**仕事ができる人、あるいは頭のいい人の文章というのは、**ただ論理的に構成されているだけじゃなくて、読み手に応じて言葉を選び、書き分けがなされているのが特徴だ。**

企画書の場合も、直属の上司が読むのか、会社の上層部にも読まれるのか、取引先にも渡るのかといったことがわかれば、それによって、書き方や言葉遣いを変えることもあり得るよね。そこでゆいちゃん、次の文章を読んでみて。

> ①お友達と仲良くするのは苦手ですか？　みんなと仲良くして、お友達をたくさんつくりましょう。
>
> ②ほかの子どもたちと交わるのが不得手のようです。以前から人見知りの傾向があったでしょうか。周囲の子どもと交流できるよう、ご家庭でも心がけてください。

一読すると、まったく違う文章のように思えるけど、言っていることはほとんど一緒ですね。

この二つの文章は、小学校一年生の通知表の通信欄に書かれた教師の言葉だ。①は子ども宛て、②は親宛てだけど、ゆいちゃんが気づいたように内容に違いはない。ただ、当然のことながら、言葉の選び方、言い回しがまったく違う。それはまさに〝**読み手を想定して書いている**〟からなんだ。①も実際に読むのは親かもしれないと、教師も承知しているはずなのに、想定第一読者が児童だから、子ども向けの書き方をしている。

この文章はかなり極端な例だけど、たとえば同僚とディスカッションするために書く企画書と、会社の上層部が読むことを想定した企画書とで、使う言葉や視覚的な要素などを変えてみるのは面白いかもしれないね。**仕事に精通した年配の人と、経験の浅い若い人とでは、読みやすく、わかりやすい文章というものが違うはず**だから。

私の知識が足りないからなんですけど、課長が部長や役員に向けて書いた企画書を読ませてもらうと、すぐには理解できないことがありますよ。それに、やっぱり言葉遣いとか、書き方とか、ちょっと読みづらいっていうか。

若い同僚を想定した文書なら、言いたいことを強調するために、文字の大きさや書体を変えてみるといった方法も取れる。もちろん、ビジネス文書の枠を逸脱しない範囲でだけどね。

逆に、年配の人が読むのであれば、老眼のことを考慮して、全体の文字を大きめにしたり、行間を広めにすることで、読みやすくするという工夫も考えられるよね。読みやすさとひと口に言っても、読み手の年齢や知識によって違ってくるんだ。

そうか。若い人と年配の人では、読みやすく感じるものが違うんですね。考えたことありませんでした。老眼かぁ、小さい文字で書かれた書類、会議で部長が読みづらそうだったなぁ。

読みやすくて、わかりやすい文章を書くというのは、自分の主張が読み手に伝わるようにするためだけど、同時に、読み手に対する思いやりでもある。ここでも他者意識の大切さ、**「論理は愛」**という一貫した私のテーマがわかってもらえるんじゃないかな。

先生、よくわかりましたけど、やっぱりかなりクサいです。

ゴッ、ゴホン……。

視覚的印象を意識して、読みやすい文章に

文章は論理的にきちんと書かれているか、主張がしっかりと伝わるか、つまり内容が一番大事なのは当然だよね。でも、見た目も無視できない。前にも話したけれど、一つの段落が何ページも続いて、文字がびっしりと詰まった本を見たら、読む以前に、「これは無理かも……」と引いちゃうだろう？

名作、古典といわれるものでも、ページを開くと、読みづらそうで、つい敬遠しちゃいます。それと古い本、とくに文庫本てすごく字が小さいのも多いですよね。いかにも読みづらい感じがして……。

どんなにいい文章を書いても、見た目で敬遠されたり、おかしな先入観を持たれたのでは損だよね。文章の読みやすさ、わかりやすさには、視覚的な要素も含まれるんだ。

文章を書き終わったら、見直すときにどんなふうに他人の目に映るかチェックしてみるといい。**そのときは、パソコンの画面ではなく、必ずプリントアウトしたものでなくてはダメ**だよ。読み手と同じ視点で見なければ意味がないからね。

ゆいちゃん、文章を読みやすくする視覚的要素というと、何が思い浮かぶかな？

う〜ん、さっき話した文字の大きさとか、あとは「形式段落」のつくり方、それからですねぇ……。

「形式段落」のつくり方、改行の仕方は、視覚的に読みやすくするための大事な要素だ。同じリズムで改行が続けば単調に見えるし、あまりに改行が少ないと読みづらく感じられる。

それから**視覚的にも大事なのが、読点《とうてん》の打ち方なんだ**。読点は文章のリズムをつくったり、文章そのものを読みやすくするためにも重要だ。でも、それだけでなく、視覚的にも上手に読点が打てれば効果が高い。一行の文字数によっても違うけれど、あまり読点が少ないと文字が窮屈に詰まっているように感じられ、読みづらさを読者に与える。ただ、あまりに読点が多いと今度はうるさくなるから要注意。

読点の打ち方って、むずかしいですよね。気になり始めると、読点ばっかりに気がいって、訳がわからなくなっちゃいます。

確かに、読点はむずかしいかもね。書き手の感覚の部分もあるけれど、文章の流れと読みやすさを考えて打てばいいんじゃないかな。

あと、視覚的にも気をつけなければいけないのが、重複表現だ。同じ言葉や表現が頻繁に出てくるのは、文章的にも良くないだけでなく、視覚的にも煩わしさを与えるから気をつけた方がいい。話すときには同じ言葉や表現が繰り返されても、すぐに消えてしまうものだからそれほど気にならない。場合によっては、効果的なことさえある。しかし、文章の場合はくどく感じられ、さらには品がなくなってしまうんだ。

……う～ん。同じ言葉や表現を何度も使っているのに気づいて、ハッとすることって確かにあります。別な言葉に換えようとするんですけど、なか

なかいい言葉が見つからなくて、大変なんですよね。

わかるよ。同じ言葉を繰り返してしまうときというのは、おそらくその言葉が頭にこびりついてしまっているんだろうね。だから、ほかの言葉に置き換えようとしても、なかなかぴったりする言葉が出てこない。

重複ということで言うと、本人は一つの慣用句のつもりで何気なく使っているのに、実は重複した表現になっていて、読み手に違和感を与えるというものがある。よく見かけるのがこんな例だ。

あとで後悔する　↓　後悔する
各社ごとに　↓　会社ごとに
連日日参する　↓　日参する
製造メーカー　↓　メーカー
思いがけないハプニング　↓　ハプニング

最後の追い込み ↓ 追い込み
まず初めに ↓ 初めに

上が重複表現、下が正しい言い方だけど、こんな重複表現は、本当によく見かけるし、自分でも気づかないうちに使っているかもしれない。

ありそうですね。「あとで後悔する」なんて、うっかり使ってしまいそうですよ。ちょっと考えればおかしいって気づくのに。

本当にすぐに気づきそうなものなのに、当たり前のように使ってしまうのが、こういうミスの怖さだよね。「あとで後悔したって、知らねえぞ!」なんてセリフは、どこかで聞いたことがありそうだ。
日本語と英語の組み合わさった「製造メーカー」、「思いがけないハプニング」なども落とし穴かもしれない。

こうしたミスはつい犯してしまうものだから、読み返すときにチェックして直すしかない。読んでいて何となく違和感を感じた言葉や表現、文はもう一度読み直してみた方がいい。

それと、一文がやたらと長かったり、修飾語が多すぎる文がないかなども、注意が必要だ。

書き出しで読み手を引きつける

講演や会議とか、大勢の前で話をするときは第一声が勝負と言ってもいい。第一声で聞き手を自分に引きつけないと、いつまでもざわついたままで、話を集中して聞いてくれない。

実は文章もまったく同じで、**書き出しがとても大事なんだ**。これはある文芸雑誌の編集者から聞いた話だけれど、新人賞の応募作品を読むとき、**最初の五枚ぐらいを読んでダメだと判断したらそれ以上は読まない**という。

えっ⁉　そうなんですか。もし、後半がすごく良くできていても、最初が良くないと読んでもらえないんですか。

編集者の経験からいって、最初の五枚ぐらいを読んで、文章がダメなもの、読み手を引きつける要素のないものは、後半になって良くなるというケースはないらしい。

私たちだって、書店で本を選ぶとき、最初の数ページを読んでみて、面白いと思わない本は買わないよね。

そう言われてみるとそうですね。冒頭の部分をパラパラと読んでみて、あっ、ダメだと思った本は棚に戻しちゃいます。

文章の書き出しが大事だというのは、ビジネス文書でも一緒なんだよ。書き出しを読んで、読みにくい、大したことが書いてなさそうだと感じたら、それから先を集中して読んではもらえない。それどころか、読むのをやめてしまうかもしれない。

では、書き出しで、どんなことに注意すればいいんですか。

まず、前置きが長すぎるのは、絶対にタブーだ。結婚式のスピーチも会合の挨拶も、前置きが長いと、それだけでうんざりされて、そこから先はまともに聞いてもらえないよね。文章もこれと同じなんだ。文章の本題とは関係ない前置きを長々書いたら、読み手はそこから先、まともに読んでくれないだろう。

確かに、前置きの長いスピーチとか、いつまでも本題に入らない文章って、うんざりしちゃいますよね。

ビジネス文書のような性格の文章では、時候の挨拶もいらないし、前置きも不要だ。いきなり本題に入ってしまえばいい。書き出しで、「この文章ではこういう話をします」と話題をいきなり提示してしまうんだ。

読み手は文章を読み始めるときには、それなりの集中力を持っている。そのときに、話題を提示することで一気に読み手を引きつけ、さらに、自分の主張を理解してもらうための準備をさせてしまうんだ。

ダラダラと前置きが続いたあとに、いきなり本題に入っても、読み手の集中力は落ちてしまっているし、準備もできていないから、そのまま読んでも、こちらの主張は理解してもらえないだろう。

あっ、わかります。どうでもいい話がまだ続くのって思っているときに、突然本題が始まっても、頭に入ってこないです。

文章を書く目的は、自分の主張を理解し支持してもらうことなのだから、最初に話題を提示してそのまま本題に入って、読み手に一番いい状態で自分の主張を理解してもらうべきなんだ。

読み手を最後まで引っ張り続ける

短めのビジネス文書なら、さっきのお話のように「いきなり本題」というのはわかるんですけど、長めのレポートとか、論理的な文章の構成には、最初に自分の主張を述べて、それから具体例をあげたり、論証していく書き方と、まず具体例をあげて、論証してから主張を導き出すのと、どちらがいいんですか？

むずかしい質問だね。どちらにも長所短所があるから、一言でどっちがいいとは言えないよ。

話す場合は、とにかく冒頭から聞き手を自分のペースに引き込まなければならないから、ガツンと主張をぶつけてしまう方がいい。でも、文章の場合は、最後に主張を持ってくる方がいいという人もいる。その方が、最後まで読み手を引っ張れるという考え方だね。

最初に読み手の興味を引く具体例やエピソードを持ってきて関心を引いて、面白そうだぞと思わせ、一体どんな主張をするんだという期待感を抱かせれば、最後まで集中して読んでくれるということだ。

書き出しを読んで、面白そうだと思えば、結論や主張を知りたくなりますよね。

そういう長所は確かにあるよね。でも、まず書き出しで読み手を引きつけなくてはならないし、肝心の最後の主張まで読み手の集中力を切らさないようにしなければいけないというむずかしさもある。ある程度の長さの文章を読んでいれば、集中力はだんだん落ちてきがちだからね。だから、最後の主張の部分を集中して読んで理解してもらうには、そこまでの構成や文章の工夫も必要だろう。

そうか。やっぱり最初に主張を持ってきた方がいいのかなぁ。

主張を頭に持ってくれば、自分の一番言いたいことをしっかり読んでもらえる可能性は高い。でも、その主張が違うと思われたら、それ以上読んでもらえないかもしれない。しっかりした根拠や事例があって、論証もしてあり、主張に違和感を持った人も説得できる自信があったとしても、読んでもらえなくては説得もできない。

う〜ん、困ったなぁ。どっちがいいんだろう。

自分の書きやすさや文章の性質などによって、どちらの書き方をするか決めればいいんじゃないかな。どちらの方が書きやすいか、人によって違いがあると思うよ。とくに、書き慣れていない人や、書くこと自体が苦手な人は、書きやすさを優先するといい。

苦手な書き方をしたら、わかりやすい文章は書けないですものね。

さっき言ったような、主張の根拠や具体例、論証に自信がある場合は、最後に主張を持ってくるべきだ。主張を展開する前に読み手に「なるほど！」と思わせることができたなら、たとえ主張に賛成してもらえなくても納得だけはしてもらえるから、強く反対されることはないんじゃないかな。

逆に、主張にインパクトがあったり、斬新なアイデアがあるようなときは、いきなりそれを展開してしまえばいい。読み手を「おっ！」「ほぉっ！」と思わせれば、最後まで引っ張っていくことができるはずだ。

結局、**自分の文章の強みがどこにあるかを考えて、その強みが発揮される形で書くのが一番いい**ということだね。

なるほど。自分の強みと書き方の長所がマッチする形で書けばいいんですね。それはやりがいがありそうですね。

そして、読み手を最後まで引っ張るということで言うなら、当たり前のことだけど、最後まで論理的にしっかりした文章であるということはとても大切だ。途中で論理的におかしくなって、わかりづらいところが出てきたら、そこで読み手の集中は途切れてしまうからね。

文章上のことで言えば、冗漫な文章やくどい表現も、読み手の集中力を失わせてしまうから、読み返すときにはしっかりチェックをしなければいけない。

一つの文章で主張は一つ

ときどき見かけるんだけど、「ところで」と話題を転換したと思ったら、それまでとはまったく別な主張を始める文章がある。これも文章を書くときのタブーの一つだ。

もし、一つの企画書の中で、二つも三つも企画のようなものが書かれていたとしたら、どう感じる？

びっくりすると思います。もし、そういう企画書を読んだら、どの企画が一番なのか比較してしまって、一つひとつをちゃんと読んで、評価できないかもしれません。それよりも混乱しちゃって、何を言っているのかよくわからないかも……。

同様に、**一つの文章で主張は一つ、これは鉄則なんだ**。この鉄則を守れないようでは、その文章がまともに読んでもらえなかったとしてもしかたない。

文章の中で、話題を転換することはたまにある。でも、新しい話題は、あくまでもそれまでの話題とどこかでつながりのあるもので、元々の自分の主張を際立たせたり、補強するものでなくてはいけない。
そして、主張をしたら具体例やデータをあげた上で、その主張が正しいことを論証しなければならない。たとえば、一つの主張を提示して、論証するだけでも、結構な文字量になるよね。だからもし、二つも三つも主張して、そのすべてを論証したのなら、相当なボリュームになってしまう。これでは、読み手の負担が大きすぎるだろう。

一つの企画内容をしっかりと読んで、理解するのだって大変なのに、そんな量の多いのをきちんと読むなんて、私には無理です。

ゆいちゃんだけじゃないよ。私だって途中で嫌になると思うし、ほとんどの人がそうなんじゃないかな。もし、一つの企画書の中にいくつも主張したいこと、アイデアがあるのなら、それぞれ別の文章にして企画書をつくればいいんだ。その方がきちんと読んでもらえるし、正当に評価される。

そもそも、一つの文書にいくつも主張が書いてあるというだけで、論理的な文章としては失格なんだしね。それに、こういう文章はただ主張がいくつも書いてあるだけで、きちんと論証されていないことがほとんどなんだ。だから、厳しい見方をすれば、こういう文書はきちんと読んでもらえなかったとしてもしようがないかもしれないな。

主観と客観を混同しない

文章を書くときに犯しやすくて、しかも論理的文章として致命的なものとして、主観と客観の混同がある。

主観と客観は、論理的な文章を書くときにどんな役目をしているか、わかるかな。

主観は自分の意見や考え、つまり主張ですよね。客観は事実、データだから、自分の主張を論証するための材料に使うんじゃないですか。

うん、そうだね。ゆいちゃんはもう大丈夫そうだ。でも、この主観と客観を混同して、文章を書いてしまうケースがあるんだ。ブログが炎上したと話題になることがあるけれど、それらを見てみると、主観と客観の混同が原因になっていることが割と多い。どういうことかと言うと、自分の意見や感想をあたかも客観的事実のように書いて、抗議が殺到してしまったんだ。

それって、炎上しても仕方ないですよ。だって、その人の感想をまるで事実のように書かれたら、おかしいってみんな思いますもの。

悪質なのは、意図的に主観と客観を入れ混ぜるケースだよ。自分の意見を押し通したいがために、意図的に客観的事実のように語るんだ。

政治家の発言などにこういう例が多い。たとえば、「最近の中国は空母を装備するなど、軍事力が飛躍的に高まっている。安全保障面でアメリカの傘に依存している日本など、あっという間に中国に占領されてしまうだろう」といった発言などだ。この人は、中国が就航させた空母がロシアの二十年以上まえの中古であることや、日本の防衛費が世界六位であることなどには意図的に触れていない。つまり、「中国は危険だ」という自分の主観を通すために客観を装っているんだ。

ひどいですね、こういうの。許せません、そういう人。

意図的であろうとなかろうと、主観と客観を混同したら、その文章は論理的に破綻する。論理的な文章では、主観と客観を明確に区別して、主観的意見をデータや具体的事実などの客観的な材料で検証しなければならない。だからこそ、その文章には説得力が生まれるんだ。

もし、企画書で主観と客観を混同してしまったら、会議で相当突っ込まれるだろう。それが意図的なものだったとしたら、徹底的に叩かれて、信用は失墜してしまうんじゃないかな。

自分に都合のいいように、主観と客観をすり替えるなんて、信用されなくなって当然です。でも、意図的な人はともかく、主観と客観って、そう混同しないような気がするんですけど……。

冷静に考えれば、混同しにくいはずだよね。でも、書いているうちに熱くなっちゃったりすると、ありえるかもしれないよ。自分の主張を論証するためのデータや具体例はイコールの関係にあるから、そこにばかり目がいって、主観と客観という決定的な違いがわからなくなってしまうのかもしれない。
　理由はともかく、こういうミスは言い訳がきかないし、取り返しがつかないから、くれぐれも注意しないといけないね。

言葉の省略は要注意

日常の会話の特徴には、文法が無視されているとか、言葉の順序が逆になるとか、指示語が多いとか、思いつくだけでもいろいろあるけれど、言葉が省略されるというのも代表的なものだ。でも、それでも成立してしまうのが日常会話の良さでもある。

言葉の省略が日常会話で許されるのは、それが親しい間柄での会話で、伝わらなければ言い直せばいい、わからなかったら聞き返せばいいという安心感があるからだろうね。

うちの両親の会話、面白いですよ。省略の極《きわ》みなんです。ときどき父が伝わらなくてイライラしていて、それならちゃんと言えばいいと思うのに、母が察するまで省略のまま。思わず噴き出しそうになるとき、ありますよ。

まあ本当に近しい夫婦とか、親友同士とかは、それでもいいのかもしれないけどね。でも、文章で言葉を省略してしまうと、意図がきちんと伝わらなかったり、誤解を受けたりする原因になるし、場合によっては、トラブルにつながることがあるから、気をつけないといけない。

ビジネス文書などだと、極端な言葉の省略はしないから、むしろ心配はいらないのかもしれない。要注意なのはメールだ。メールの場合、あまり長文になると読みづらいと思って、結構言葉を省略するからね。

しますね。携帯メールだととくにそうですね。自分では必要最低限だと思っているんですけど、必要以下になってることもあるんじゃないかな。

メールで約束をするとき、「明日の夕方」という書き方をよくする。でも、この書き方はわかりにくいと思わないかい？

「明日の夕方」は、受信者がメールを開いたタイミングによって変わってしまいますからね。

そうだね。メールを着信してすぐに読めば問題はないけれど、夜、送られてきたメールを翌朝読んだとしたら、勘違いしてしまう危険があるよね。送信者が書いた「明日」は、受信者がメールを読んだときには「今日」になっている。でも、それはメールの受信時刻や送信時刻をチェックしなければわからない。

そう言われれば、そうですね。メールをチェックしたのが朝だったら、前日に送られてきたメールかなと思いますけど、お昼過ぎまでチェックできなかったら、勘違いしそうですね。

メールでは、こういう勘違いしやすい言葉の省略や曖昧な表現がよく使われる。

「今週いっぱいでお願いします」、こんな表現もよく使われるけど、今週いっぱいっていつまでなんだろう。四つぐらい考えられるよ。

①金曜日の夕方まで
②土曜日の夕方まで
③土曜日の二四時まで
④月曜日の始業時まで

ゆいちゃんはどれだと思う？

う～ん、①の金曜日の夕方までかなぁ。

会社勤めをしている人は、そう考えていることが多いよね。でも、どれも間違いではないんだ。土曜日も出勤の人なら②だろうし、出勤日や勤務時間ではなく、週の終わりと考えれば③になる。もし、翌週の朝に受け取れるようにと考えるなら④だよね。

そうか。曖昧というか、危ないというか。人によって捉え方が違いますよね。

こういう曖昧な表現はメールでは頻繁に使われている。

午後イチ　↓　午後一時
今月中　↓　○月三一日までに
できるだけ早く　↓　本日○時までに
いくつか　↓　○個ほど

代表的なものをあげたけれど、どれもよく見るし、わかったようではっきりしない、あいまいな言い方だ。矢印のあとの言い方をすれば、はっきりして、誤解やトラブルも起こりにくいよ。

午後イチとか朝イチって、よく使いますよね。でも、私ずっとそれっていつなんだろうって思ってました。朝イチは会社の始業時間ということなのか、起きてすぐということなのかわからないし、午後イチも一二時なのか一時なのか、曖昧ですよ。

友達同士だったら、行き違いがあっても謝ればすむことが多いけれど、ビジネスではこんな言葉遣いでの誤解から損失が生じることだってある。そうなったら謝って済むどころではなくて、責任問題になってしまう。曖昧な表現は避けるのが賢明なメールの言葉遣いだ。

論理の飛躍、自己完結は読み手を失う

読んでいて呆れてしまうような文章にときどきお目にかかることがあるけれど、ゆいちゃんはそういう経験はある？

ありますよ。ブログとか見ていても、この人結局何が言いたいの、どんな人が書いてるのって、呆れてしまうような文章、ときどき目にします。

ゆいちゃんが読んだ中で、とくに印象に残っているというか、呆れた文章って、どんなのだった？

社内の企画書ですごくビックリしたのは、次から次へといろんな話が書いてあって、前の話とどんな関係があるんだろうっていうのがありました。

読み返してみても、何の関係もないとしか思えなくて。どの話もまるでつながりがないんです。よっぽど途中でやめちゃおうかと思ったんですけど、我慢して最後まで読んで。でも、何が言いたいのか、結局わかりませんでした。

それは論理の飛躍のパターンだね。それを書いた人は、文章の構成なんかまるで考えていなくて、もちろん設計図なんてつくってはいない。思いついたことを単にそのまま書いているんだろうね。自分の言いたいことを読み手にわかってもらおう、わかりやすい文章を書こうという意識のまったくない人だね。伝わる文章を書く上でとても大切な他者意識もなければ、論理も知らない人間だ。

人間の意識の流れというのは脈絡のないものだから、それまで考えていたこととまったく別なことが思い浮かんだりする。そして、次から次へといろいろな連想が浮かんで、ふと気がつくと、最初に考えていたこととまったく違ったことを考えていることがある。それは誰にでもあることだ。

でも、他者意識がある人ならば、それを整理して、そのまま話したり書いたりはしない。思い浮かんだことを直接伝えても、相手には理解してもらえないとわかっているからね。でも、ときどき自分の言いたいことは何でも相手に伝わると思っている人間がいる。

最悪です、そういうの！　でも私も気をつけます。

そういう人が始末に負えないのは、言いたいことが伝わらないのは自分に原因があるとわかっていないことなんだ。理解されないと相手が悪いと考える。だから、周囲の人間としては、対応のしようがないんだ。

本当、救いようがないですね……。

私の印象に残っているのは、自己完結型のとある企画書の文章だったかな。論理的な文章というのは、自分の主張に対して、それが正しいことの具体例やデータをあげて論証する。でも、自己完結型の人の文章というのは、客観的な具体例やデータがまるでないんだ。自分の主張の根拠となっているのは自分の考えで、論証する材料も自分の意見。しかも、その論証の論理が論理とはいえない自分勝手なものだから、読んでいて嫌になったな。ゆいちゃんじゃないけど、途中で放り出そうと思ったからね。

先生、最後まで読んだんですか。

読んだよ。知り合いから、「読んでみてくれ」と渡されたものだったからね。読みながら、その知り合いのことも疑ってしまった。この文章をちゃんと読んだ上で、私に渡したのかなって。もしそうなら、その人も何を考えているのかわからないじゃないか。

あとで聞いてみたら、預かったまま封も開《あ》けていなかったらしい。さかんに謝っていたけど、あれはひどい経験だったな。

他者意識があって、論理的な考え方ができる人なら、こんな論理が飛躍している文章や自己完結の文章は書かないとは思うけれど、こんな文章を一度でも書いたら、それを読んだ人からは二度と信用されなくなる。絶対にこんな過ちは犯してはいけないね。

ビジネス文書は自分の立場、主張を明確に！

ゆいちゃんはこれから仕事でいろいろなビジネス文書を書くことになるだろうから、最後に一つアドバイスをしておこうか。

ぜひお願いします。どんなアドバイスですか。早く聞かせてください！

まあまあ、そう焦らないで。これは文書を書くときだけでなく、会議などで発言するときにも言えることだけど、**自分の意思や考えを主張するときは、その主**

張はもちろん、自分の立場を明確にするということだよ。

会議である提案が議題になっているときに、発言を始めたのはいいけれど、具体例やデータをあげて延々と話し続けて、いつまでもたっても議題である提案に対して賛成なのか反対なのかわからない、出席者をイライラさせるそんな人がいる。

あっ、います。その人の場合、具体例とかデータじゃなくて、自分の経験談なんですよ。自慢交じりの経験談をしゃべり続けて、その挙句に、賛成でも反対でもないどっちつかずのことを言うから、みんなドッと疲れてしまって。みんなもその人が話し始めると聞いていないんですけどね。私なんてほかのことを考えてますよ。

それはひどいなぁ。その人も他者意識が欠如しているのだろうが、周りの人間にとって最悪なのは、何が言いたいのかわからない、その人の立場がまったくわからないということだよ。
会議の席では、議論を実りあるものにして、出席者の時間を無駄にしないためにも、立場をハッキリさせておき、簡潔に自分の主張をするのはルールと言ってもいい。

本当にそう思います。先生が時間の無駄と言ったけれど、訳のわからないことを言っている人には、私の時間を返してくださいって、言いたくなるときがありますから。

そして、立場を鮮明にするというのは、文書を書くときにも大切なことだと私は思っている。たとえば報告書を書く場合、自分がその案件にどういう関わりがあったのかをまずハッキリさせた方がいい。責任者だったのか、スタッフだったのか、あるいは、第三者として評価するのか、それによって、読み手の視点や受け取り方が違ってくるからだ。

責任者と第三者では、見る目がぜんぜん違いますものね。

読み手としては、誰が、そしてどんな立場の人間が書いた報告書なのかがわからないと、内容を判断できないんだ。当事者と第三者では、同じようなことが書かれていたとしても評価が違ってくるよ。

企画書の場合も同じようなことが言える。もし、これまでやってきたビジネスとは違う新しいビジネスを提案するとしたら、なぜそういう企画が必要だと考えているのかをハッキリさせるべきだ。

そのビジネスに可能性を見出したからか、これまでのやり方に限界を感じたからか、それによって企画書を読む人の意識が違うよね。

いい企画を考えて、しっかりと客観的事実をあげて論証するのはもちろん必要だけれど、なぜその企画を提案したかを明確にすると、より評価される企画書になるんじゃないかな。企画書を読んだ上司から「おっ、こいつはできる！」「頭がいいな！」と思ってもらえるよ。

先生！　何だか私、企画書を書いてみたくなってきちゃいました。いろんなノウハウを教わったから、今なら何でも書けそう！　小説も書いちゃおうかななんて、ワクワクしてきたくらいです!!

さ、さすがに小説はまた別の機会にゆずるとして……。でも、書くことは論理を駆使して、自分の考えや思いを人に伝えようとすること。ゆいちゃんの言う通り**文章で人とつながっていくってことは、とっても楽しいワクワクする体験なんだよね**。何を書いていても、そのことは忘れないでね。

第5章のまとめ

◎文章は見た目も大切。読みやすそうだという第一印象を与えよう

◎余分な前振りは不要。書き出しから読み手を一気に引きつけろ

◎メール文では「今月中」「できるだけ早く」「いくつか」といった曖昧な表現は使わない

◎身振り手振りや表情で補える話し言葉と違い、文章では言葉の省略が誤解を生むので気をつけよう

◎自分の考えや意見を主張するときは、まず自分の「立場」を明確にしておく

おわりに──誰もが論理的な文章を書かなければいけない時代

文章を書いて、誰かに送ったり、活字になったりしたら、その文章は独り歩きをはじめます。その文章はもう訂正することも、書いた内容について弁解することもできません。

とくにネット社会では、ブログやフェイスブックに代表されるＳＮＳなどに書いた文章が無限にコピーされ、多くの目に晒される怖さがあります。その意味で、現代ほど、相手に正しく伝わる、論理的な文章を書く技術が問われる時代はないのです。

とくに社会人になれば、書いたものはあなたの分身として評価されます。仕事ができるかできないかは、あなたの書いたもので判断されるといっても過言ではありません。

つまり、企画書やプレゼンの文章が論理的にしっかりしたものであれば、それだけで多くの人に評価されることになるし、稚拙であれば「残念な人」の烙印を押されてしまいかねないのです。

しかしながら、論理的に文章を書くことは決してむずかしいことではありません。何も小説家のように上手い文章を書く必要はないのです。本章で紹介したいくつかのテクニックを身につけるだけで、誰でもすぐ書けるようになります。

さあ、本書を読み終えたのなら、実際にどんどん「書く」ことを始めてみてください。

あなたが「文章の達人」になることを願っています！

出口 汪

出口《でぐち》 汪《ひろし》の論理的《ろんりてき》に書《か》く技術《ぎじゅつ》

2012年11月25日　初版第1刷発行

著者　出口《でぐち》 汪《ひろし》

発行者　新田光敏

発行所　ソフトバンク クリエイティブ株式会社
〒106-0032　東京都港区六本木 2-4-5
電話 03-5549-1201（営業部）

印刷・製本　中央精版印刷株式会社

編集協力　コーエン企画

イラスト　ソウ

ブックデザイン　村橋雅之

校正　鳥海美江（バード・ワーク）

本文組版　アミークス

落丁本、乱丁本は小社営業部にてお取り替えいたします。
定価は、カバーに記載されております。
本書に関するご質問は、小社ソフトバンク文庫編集部まで書面にてお願いいたします。

 ISBN 978-4-7973-7207-6

CARTE POSTALE

〒356-0056
埼玉県ふじみ野市うれし野
２－１０－１５０２

料金後納郵便
SAINT MARC

野口直子　様

S179　1873

00098-SJ-121218-18076928-51

有効期限は本状到着から２０１３年１月２８日までとさせて頂きます。
本ハガキは、１２月２２日・２３日・２４日の１６時以降はご利用できません

【還付先】サンマルク　埼玉県ふじみ野店　TEL：0492-66-0309
埼玉県富士見市ふじみ野西3-11-1

※上記以外の店舗では取扱いしていない場合がございます。予めご確認をお願い申し上げます。

SAINTMARC
CRAFTSMANSHIP

ベーカリーレストラン サンマルク

アレコレ食べたい
グルメな貴方に！「お箸でいただく12種コース」

［このコースはハガキを送らせて頂いたお客様とご同伴の方
何名様でも「限定メニュー」を限定価格にてご利用頂けます。］

- グルメカード、エメラルド会員カード、ダイヤモンド会員カード、株主優待カードとの併用ができます。
- 他の割引券との併用はできません。
- ご来店時、本状を係員にご提示ください。なお、ご予約なしでもご利用頂けます。
  ※曜日・時間帯によっては、ご予約を承りできかねる場合がございますのでご了承願います。
- ホームページアドレス
  http://www.saint-marc.com/

発送元：(株)サンマルクホールディングス　岡山市北区平田173番地104　S179

SAINT MARC SPECIAL CHOPSTICKS COURSE